中华传统文化教育

主　编　栾福志　马红莲　程　月
副主编　胡馨心　陈立勇　潘廷茂

北京理工大学出版社
BEIJING INSTITUTE OF TECHNOLOGY PRESS

内容简介

为贯彻落实十八大、十九大精神及中共中央办公厅、国务院印发的《关于实施中华优秀传统文化传承发展工程的意见》和教育部《完善中华优秀传统文化教育指导纲要》以及人力资源和社会保障部办公厅《关于加强技工教育和职业培训教材建设工作的通知》的要求，围绕立德树人的根本任务，遵循中职学生认知规律和教育教学规律，按照以学生为主体、以课程为载体、以育人为目标的指导思想，编制开发本教材。

本教材在内容选取、编排方式上遵循中职学生认知规律，强化任务驱动、案例教学，突出参与性、实践性与应用性，融教案与学案于一体，既适合教师的教，又适合学生的学；既适合教师拿来就用，又为教师教学创新提供引导；既能增强学生知识涵养，又能提升综合能力和综合素质。

本教材共设置八课内容，每课内容设置四个模块任务，即知识感知、解读经典、感悟体验与辨识、拓展训练营，由浅入深提升学生综合能力与素质。

版权专有　侵权必究

图书在版编目（CIP）数据

中华传统文化教育/栾福志，马红莲，程月主编.—北京：北京理工大学出版社，2018.8（2020.9重印）
ISBN 978-7-5682-5954-5

Ⅰ.①中…　Ⅱ.①栾…　②马…　③程…　Ⅲ.①中华文化－职业教育－教材　Ⅳ.①K203

中国版本图书馆CIP数据核字（2018）第170008号

出版发行 /	北京理工大学出版社有限责任公司
社　　址 /	北京市海淀区中关村南大街5号
邮　　编 /	100081
电　　话 /	（010）68914775（总编室）
	（010）82562903（教材售后服务热线）
	（010）68948351（其他图书服务热线）
网　　址 /	http://www.bitpress.com.cn
经　　销 /	全国各地新华书店
印　　刷 /	定州市新华印刷有限公司
开　　本 /	787毫米×1092毫米　1/16
印　　张 /	12
字　　数 /	260千字
版　　次 /	2018年8月第1版　2020年9月第3次印刷
定　　价 /	39.80元

责任编辑 / 刘永兵
文案编辑 / 刘永兵
责任校对 / 周瑞红
责任印制 / 边心超

图书出现印装质量问题，请拨打售后服务热线，本社负责调换

一、教材编写的时代意义

中华优秀传统文化博大精深,凝聚着中华民族自强不息的精神追求和历久弥新的精神财富,是中华民族的精神命脉,是最深厚的文化软实力。中共中央总书记、国家主席、中央军委主席习近平对中华优秀传统文化作了一系列重要论述,为新形势下的德育工作指明了方向。加强中华优秀传统文化教育,既是当务之急,也是百年大计、千年大计,既功在当代,也会泽及后世子孙、增进人类福祉。

青少年是国家的未来和民族的希望,但目前中等职业学校仍存在生源复杂、学生综合素质参差不齐,很多学生没有学习目标和学习动力,缺乏自立能力和团队协作能力,缺乏责任感和担当意识,体验不到人生幸福感,甚至厌学、忤逆父母、不尊敬师长、早恋、打架斗殴等一系列问题,这些与职业教育为实现"两个一百年"奋斗目标和中华民族伟大复兴的中国梦提供坚实人才保障的任务目标相背离。中华优秀传统文化是各级各类学校德育的重要内容,学习、传承中华优秀传统文化对于中等职业学校落实立德树人的根本任务,提高青少年综合素质,引导青少年树立道路自信、理论自信、制度自信、文化自信,培育和践行社会主义核心价值观,实现中华民族伟大复兴的中国梦,都具有长远的战略意义和重要的时代价值。

二、教材编写的指导思想

为贯彻落实十九大精神及中共中央办公厅、国务院办公厅印发的《关于实施中华优秀传统文化传承发展工程的意见》,落实教育部《完善中华优秀传统文化教育指导纲要》、人力资源和社会保障部《关于加强技工教育和职业培训教材建设工作的通知》的要求,围绕立德树人的根本任务,遵循中等职业学校学生认知规律和教育教学规律,按照以学生为主体、以课程为载体、以育人为目标的指导思想,编制开发本教材。

三、教材编写的基本原则

1. 坚持新时代中国特色社会主义思想和社会主义核心价值体系的思想引导相结合的原则

加强青少年思想道德建设,既是培养高素质劳动者和高技能人才的首要任务，也是贯彻落实科学发展观、坚持以人为本的根本要求。传统文化教育是加强青少年思想道德建设的重要内容，也是重要载体。教材目标的设定、内容的甄选、教学手段和教学方法的选择紧紧围绕新时代中国特色社会主义思想和社会主义核心价值体系，坚持历史唯物主义和辩证唯物主义的立场、观点和方法，深入挖掘和阐发中华优秀传统文化讲仁爱、重民本、守诚信、崇正义、尚和合、求大同的时代价值；把握继承和创新的关系，实现立德树人的根本任务。

2. 坚持中华优秀传统文化教育与时代精神教育和革命传统教育相结合的原则

本教材在内容的甄选上既大力弘扬以爱国主义为核心的民族精神，又积极弘扬以改革创新为核心的时代精神，继承和弘扬仁爱思想和革命传统文化。在授课的方式上坚持课堂教育与实践教育相结合，既充分发挥课堂教学的主渠道作用，又注重发挥课外活动和社会实践的重要作用。

3. 坚持构建多维学习目标和全面提升综合素质相结合的原则

本教材从知识、能力、情感态度价值观三个目标维度对内容进行规划与设计。知识目标是通过对中华优秀传统文化经典学习，深刻认识中华优秀传统文化的思想精华，了解中国文化思想的历史传承与创新，理解中华优秀传统文化在实现"两个一百年"的奋斗目标和中华民族伟大复兴的中国梦中的重要地位和重要意义；能力目标是通过形式多样的教学活动，提升学生自觉践行优秀传统文化的能力、分析问题解决问题的能力、自主探究与团队协作的能力、透过现象看本质的能力；情感态度价值观目标是通过拓展阅读和体验式活动，全面提升学生的道德修养，增强学生对中华优秀传统文化的认同感、归属感和自豪感，并内化为文化自信和文化自觉，使之积极投身到社会主义现代化强国的建设实践中。

4. 坚持贴近实际、贴近生活、贴近学生、贴近社会的原则

本教材遵循思想道德教育的普遍规律，依据中等职业学校学生身心成长的特点，从学生的思想实际、生活实际出发，结合社会人才需求，在教学目标设定、教学内容安排、教学过程组织、学生能力培养、素质教育追求等方面进一步改革和创新，做到深入浅出、寓教于乐、文化内化，具有较强的时代感和吸引力。

5. 坚持实用与效率相结合的原则

本教材在内容选取、编排方式上遵循中等职业学校学生认知规律，强化任务驱动、案例教学，突出参与性、实践性与应用性，融教案与学案于一体，既适合教师的教又适合学生的学；既适合教师拿来就用，又为教师教学创新提供引导；既增强学生知识涵养又提升综合能力和综合素质。

四、教材编写的基本框架

本教材共设置八课内容，以任务导向为主线，每课从感知传统文化、解读经典、感悟体验与辨识到拓展训练营，从案例分析到知识解读，从知识内化到亲身实践，以实现提升学生综合素质，实现立德树人的目标。

《中华传统文化教育》的编写以及课程内容的设置是我们对多年实践的探索与总结，如有不当之处，恳请各位专家学者批评指正。

编 者

目录

第一单元 孝道 …………………………… 1
- 任务一 孝道感知……………………………… 2
- 任务二 解读经典……………………………… 13
- 任务三 感悟体验与辨识……………………… 17
- 任务四 拓展训练营…………………………… 22

第二单元 爱国 …………………………… 27
- 任务一 爱国感知……………………………… 28
- 任务二 解读经典……………………………… 36
- 任务三 感悟体验与辨识……………………… 39
- 任务四 拓展训练营…………………………… 44

第三单元 尊师 …………………………… 49
- 任务一 尊师感知……………………………… 50
- 任务二 解读经典……………………………… 59
- 任务三 感悟体验与辨识……………………… 63
- 任务四 拓展训练营…………………………… 68

第四单元 悌 ……………………………… 73
- 任务一 "悌"感知……………………………… 74
- 任务二 解读经典……………………………… 80

任务三　感悟体验与辨识…………………… 85
　　任务四　拓展训练营………………………… 90

第五单元　谨………………………… 93
　　任务一　"谨"感知………………………… 94
　　任务二　解读经典………………………… 103
　　任务三　感悟体验与辨识………………… 106
　　任务四　拓展训练营……………………… 111

第六单元　诚信……………………… 115
　　任务一　诚信感知………………………… 116
　　任务二　解读经典………………………… 125
　　任务三　感悟体验与辨识………………… 130
　　任务四　拓展训练营……………………… 135

第七单元　仁………………………… 139
　　任务一　"仁"感知………………………… 140
　　任务二　解读经典………………………… 147
　　任务三　感悟与体验……………………… 152
　　任务四　拓展训练营……………………… 157

第八单元　学………………………… 161
　　任务一　"学"感知………………………… 162
　　任务二　解读经典………………………… 170
　　任务三　感悟与体验……………………… 175
　　任务四　拓展训练营……………………… 181

参考文献…………………………………… 186

第一单元 孝 道

单元导读

"百善孝为先",历经几千年的传承与发展,根植于中国深厚的哲学和文化土壤中的"孝悌"思想,早已成为人们日常伦理关系中最基本的道德准则,具有调节亲情、维持家庭、稳定社会的独特功能。有了家庭的安定和睦,才能有社会的和谐发展、国家的长治久安。

"孝",作为各大世家的家训家风,是弘扬中华传统美德和传承优良家风必不可少的。它是儒家文化倡导的"八德"之首,是中国传统文化的核心,也是中国传统家风文化的根,更是社会主义核心价值观的根。

任务一　孝道感知

任务目标

了解"孝"是中华民族的传统美德，是中华传统文化的瑰宝；理解"孝"的内涵及现实意义；提升学生自觉践行孝道文化的能力，培养分析问题、解决问题的能力及自我探究能力、团队协作能力；培养自身孝心和感恩之心并内化为行动。

案 例 链 接

一、汉文帝亲尝汤药

公元前202年，刘邦建立了西汉政权。刘邦的四儿子刘恒，即后来的汉文帝是一个有名的大孝子。刘恒对他的母亲皇太后很孝顺，从来也不怠慢。有一次，他的母亲患了重病，这可急坏了刘恒。他母亲一病就是三年，卧床不起。刘恒亲自为母亲煎药汤，并且日夜守候在母亲床前。每次看到母亲睡了，才趴在母亲床边睡一会儿。刘恒天天为母亲煎药，每次煎完，自己总先尝一尝，看看汤药苦不苦、烫不烫，自己觉得差不多了，才给母亲喝。刘恒孝顺母亲的事，在朝野广为流传。人们都称赞他是一个仁孝之子。有诗颂曰：仁孝闻天下，巍巍冠百王；母后三载病，汤药必先尝。己亥日，刘恒病死于长安未央宫。死后的庙号为太宗，谥号为文帝。后人为了纪念他的伟业和仁政以及他的孝道，将其列为二十四孝之第二。

二、孝心敬养母

孟佩杰，1991年11月出生于山西省临汾市，她生长于农村，5岁时生父因车祸去世。生母因生活所迫，将她送给隰县老干部局职工刘芳英收养。1998年，养母刘芳英患上了椎管狭窄症瘫痪在床。养父无法忍受困境悄然离家出走。从那时起，年仅8岁的孟佩杰便开始承担起照顾瘫痪养母的重担，用孝心和毅力支撑起了这个风雨飘摇的家。2007年，孟佩杰初中毕业，养母的病情却开始恶化，完全丧失了自理能力。为就近照顾养母，孟佩杰主动选择在临汾学院隰县基础部学习。2009年，按照学校的安排，在隰县基础部上完两年后孟佩杰要去临汾上学。她毅然决定：带上养母去上学！她在离学校最近的地方租了房屋，并向学校申请了走读，利用一切课余时间，克服了同龄人难以想象的困难，不离不弃地悉心照料养母。孟佩杰十几年来，4 000多个日日夜夜，知孝感恩、无怨无悔照顾养母的事迹感动了无数人。2009年，临汾市委授予孟佩杰母女"文明和谐家庭"荣誉称号；孟佩杰本人也先后获得临汾市"十佳道德模范""2011年度感动中国人物""全国孝老爱亲道德模范""全国三八红旗手""中国青年五四奖章"等荣誉。孝顺是中华民族传统美德，正如"2011年度感动中国人物"颁奖词中所说："在贫困中，她任劳任怨，乐观开朗，用青春的朝气驱赶种种不幸；在艰难里，她无怨无悔，坚守清贫，让传统的孝道充满着每个细节。虽然艰辛填满4 000多个日子，可是她的笑容依然灿烂如花。"孟佩杰小小年纪，撑起几经风雨的家，她的存在，是养母生存的勇气，更激起了千万人心中的涟漪；她付出的是孝心，赢得的是尊重。

孝心敬养母

小组讨论：

（1）为什么汉文帝亲尝汤药的故事会流传至今？

_____
_____
_____

（2）孟佩杰为什么会获得"2011年度感动中国人物"等多个荣誉称号？

_____
_____

（3）汉文帝、孟佩杰古今两个人物之所以被世人认可并传颂，他们的共同点是什么？

_____
_____
_____

知 识 链 接

一、孝道传承古今

"孝"是中华民族的传统美德。百善孝为先，中国是世界公认的"孝文化"母国，孝道是我国人伦道德的基石，是中华优秀传统文化的瑰宝。

"夫孝，天之经也，地之义也。""孝"是天经地义的事，是人民本有的自然的行为。"孝"作为中华文化的根源，有千年的渊源。中国最早的一部解释词义的著作《尔雅》中把"孝"定义为"善事父母为孝"；汉代贾谊的《新书》中把"孝"界定为"子爱利亲谓之孝"；东汉许慎在《说文解字》中把"孝"解释为"善事父母者。从老省、从子，子承老也"。许慎认为，"孝"字是由"老"字省去右下角的形体，和"子"字组合而成的一个会意字。因而"孝"就是子女对父母的一种善行和美德，是家庭中晚辈在处理与长辈的关系时应该具有的道德品质和必须遵守的行为规范。

二、弘扬孝道文化的现实意义

孝道作为中国传统文化的核心，在中国历史发展的长河中发挥着重要作用，去其糟粕取其精华，对个人、家庭、社会、国家都具有积极作用。第一，百善孝为先，孝道是个人修身养性的基础，通过践行孝道，可以完善个人道德；第二，孝道可以规范人伦秩序，促进家庭和睦，形成和谐的人际关系，维持社会稳定；第三，孝道倡导报国敬业，去其忠君的愚忠思想糟粕，蕴含其中的报效国家和爱国敬业的思想可以激发人们的爱国行为。

在中等职业学校中开展中华孝道教育，将其精华内化为学生的自觉行动，对实现立德树人的教育目标具有重要的现实意义。

（一）弘扬孝道文化、接受孝道教育有利于培养自尊自爱意识

在我们职业学校学生群体中普遍存在情感脆弱、承受挫折能力差、人生目标不明确等问题，甚至存在个别人因厌世自残、自杀现象，还有逞一时意气打架斗殴等现象。"身体发肤，受之父母，不敢毁伤，孝之始也"，保全身体以至发肤，是孝行的起码要求。我们学习并践行中华孝道文化，全面理解孝道文化，有助于自觉培养自尊自爱意识，全面提升个人素质。

思考：你怎么看待上图中的行为？

_____
_____
_____

（二）弘扬孝道文化、接受孝道教育有利于培养勤俭节约精神

"勤俭"既是中华民族的优秀传统美德，也是《公民道德建设实施纲要》中公民基本道德规范的要求。《孝经·庶人章》讲到："用天之道，分地之利，谨身节用，以养父母"，即"利用自然时节的规律，从土地中获取应得的利益，严格约束自己行为，勤俭节约，并且孝顺赡养父母，这就是作为普通老百姓应尽的孝道。"由此可见"勤俭"的美德也是从孝道中衍生出来的。现实生活中我们部分同学存在不顾自身家庭条件盲目攀比、挥金如土，甚至父母稍不能满足其愿望便以离家出走相要挟的现象，没有人会认为一个挥霍无度的人是在践行对父母的孝道。我们学习中华孝道文化，有利于自觉培养勤俭节约精

神，自觉践行新时期社会主义新思想。

（三）弘扬孝道文化、接受孝道教育有利于增强自强不息精神

"孝"是中华传统美德的元德，"刚健有为，自强不息"自是它的应有之意。"承志"、"立身"继承先祖遗志，要建功立业，在实践中就要做到自强不息。在当代更是如此，在《公民道德建设实施纲要》的二十字公民基本道德规范中，自强也是基本美德之一。我们学习中华孝道文化，有利于自觉树立"立德树人、技能报国"的信心与决心，为实现中华民族伟大复兴的中国梦和全面建设社会主义现代化奉献自己的青春和智慧。

（四）弘扬孝道文化、接受孝道教育有利于增强敬养父母、尊老敬长的意识

我国古代提出"生则养"及"老吾老以及人之老"的敬养思想，奉养父母、尊老敬老是做儿女、晚辈的重要义务。现代社会也把孝敬父母、尊老敬老作为家庭美德的规范要求。但现实社会中不孝顺父母、不奉养父母的人仍然很多，尤其是现在的独生子女娇生惯养、唯我独尊、我行我素，根本不把父母、老师、长辈们的忠告放在心上，或软或硬地与父母老师对抗，缺乏感恩意识和责任担当意识，缺乏敬老之心。我们学习中华孝道文化，可以自觉培养敬养父母、尊老敬长的意识，增强对家庭和社会的责任感。

（五）弘扬孝道文化、接受孝道教育有利于培养爱国主义精神

中华优秀传统文化之孝道，提倡以孝修身，以孝齐家，以孝立业，以孝治国，以孝安天下。在践行对家庭、对社会的孝道之后，还要对民族、国家行大孝，这个大孝，就是爱国主义。爱国主义是孝文化的升华，也是孝文化的精华。我们学习中华孝道文化，有利于自觉培养爱国主义精神，自觉修身立业、报效祖国。

三、"我"该怎么做

（一）践行孝道要对父母怀恭敬感恩之心

从我们呱呱落地的那一刻起，我们的生命就倾注了父母无尽的爱与祝福。或许，父母不能给我们奢华的生活，但是，他们给予了一个人一生中不可替代的生命！十月怀胎，一年乳哺，经过父母20年的精心呵护和培育，我们才得以长大成人，此恩此德，怎么报答都不为过。孔子说"犬马皆能有养，不孝何以别乎"，所以，同学们践行孝道，要对父母常怀恭敬感恩之心，用心聆听父母的教诲，不顶撞父母，学会与父母沟通。

（二）践行孝道要珍爱生命、敬养父母之身

"身体发肤受之父母不得损伤"，世上每个人都是父母生、父母养，所以珍惜生命也是人行孝尽孝的开始。父母辛苦了大半辈子，才把子女养育成人，而他们自己却一年年衰老，身患疾病。践行孝道就要让父母"老有所依，老有所靠"，对子女来说，赡养父母不仅仅是法定的责任和义务，更是报答父母养育之恩的良机。所以，同学们践行孝道就要珍爱生命，保重身体，刻苦学习，争取优异成绩，学好技能本领以安身立命、颐养父母。

（三）践行孝道要养父母之心

孩子一天天长大，父母却在一天天变老，父母年迈多病，固然需要子女精心照料，但是父母更加需要的是心灵上的慰藉。因此，子女在工作、学习、生活和为人处世各个方面，都要谦虚谨慎、努力认真，做到让父母放心、安心、舒心，不让他们操心、担心、忧心。不给父母难看的脸色，对父母有孝敬之心，更多地从内心、精神上给父母以尊敬、抚慰和关爱，让父母更多地享受亲情的温暖。"找点时间，找点空闲，带着孩子，常回家看看"，陪父母吃顿饭，听他们讲讲过去的事，让他们有机会倾诉和表达，给他们尊重、理解、包容和爱。作为学生，感恩父母就要好好学习，勤俭节约，遵纪守法，成为一名品德高尚的人，多体谅体贴父母，帮父母做力所能及的事情，帮助父母分担家务，"出必告、反必面"，尽量不让父母操心、担心和忧心。

（四）践行孝道要养父母之志

父母一生有很多志向，有些已经实现，有些没有实现，他们把许多希望都寄托在子女身上，如果子女能够按照父母的期望和要求，认真做人，努力做事，在学习、工作和社会上有所作为，有所造就，就是对父母之恩的最好报答。作为子女，要了解父母还有什么未完成的心愿和梦想，支持并协助他们一起去完成；为父母创造学习的机会，让他们增长智慧，学会与自己、他人及环境和谐相处，开心喜悦地享受生命中的每一天。同学们践行孝道，在校期间就要学好专业知识、提高品德修养，以自己的佳言善行和优异成绩使父母备受荣耀、备受尊崇。

习近平主席说过"国风之本在家风,家风之本在孝道"。孝,永远是一颗闪耀着人性道德之光的璀璨明珠,千年来照耀着中华民族的内心,是我们民族世代传承的瑰宝。孝道家风的传承,犹如一棵棵参天大树,植根于民族文化的厚重土壤,不断成长壮大,汇聚成推动社会风气文明的茂密森林,为实现中华民族伟大复兴的中国梦奠定坚实的精神力量!

 活动天地

一、自我认知

1. "自画像":下面是一张自我评价表,请根据自身实际情况给自己打分("肯定"或"经常"记2分、"一般"或"偶尔"记1分、"没有"记0分)。

行为表现	得分	行为表现	得分
很爱自己的母亲		很爱自己的父亲	
帮父母做饭		帮父母洗衣服	
帮父母洗脚		帮父母照顾长辈或弟弟妹妹	
从未顶撞过父母		见到长辈打招呼	
送给父母生日礼物		清楚父母的鞋码和衣服尺码	
知道父母的年纪		知道父母的身体状况	
外出会报平安		生活节俭从不乱花钱	
没有文身		不吸烟	
从不参与打架斗殴		爱惜自己的身体	
经常牵爸爸妈妈的手或者拥抱		自己拥有或正在学习一技之长	
清楚父母对自己的期望		有远大志向并正在努力实现	

2. "照镜子":请按照下列样式制卡,并请父母为自己进行评分("肯定"或"经常"记2分、"一般"或"偶尔"记1分、"没有"记0分)。

行为表现	得分	行为表现	得分
很爱自己的母亲		很爱自己的父亲	
帮父母做饭		帮父母洗衣服	
帮父母洗脚		帮父母照顾长辈	
从未顶撞过父母		见到长辈打招呼	
送给父母生日礼物		清楚父母的鞋码和衣服尺码	
知道父母的年纪		知道父母的身体状况	
外出会报平安		从不乱花钱	
没有文身		不吸烟	
从不参与打架斗殴		爱惜自己的身体	
经常牵爸爸妈妈的手或者拥抱		自己拥有或正在学习一技之长	
清楚父母对自己的期望		有远大志向并正在努力实现	

3. 自我总结：你对自己的"自画像"满意吗？哪些方面还有待进一步完善？

二、情感体验：每个人都住过的最贵的"廉价房"

提起房子，很多人的第一反应就是"买不起"。但是，房价再高，通过按揭的方式，还是有人能买得起。然而，有一种房子是我们无论如何都买不起的，因为这个房子是最贵的，同时又是最廉价的，你我都曾住过十个月。

《别让我看见》片段

《别让我看见》片段：一位90多岁的老母亲在村民的帮助下把自己的三个儿子告上了法庭。老人的老伴去世早，为了不让孩子受委屈，老人没有再嫁，独自一人含辛茹苦将三个儿子抚养长大。年轻时吃了很多苦，老人落下了一身毛病，但是她毫无怨言。看着三个儿子一个个成家立业，拥有了自己的小家庭，老人很欣慰。之前老人身体没有大恙的时候，三个儿子对她的态度还可以。但是近些年，老人的身体每况愈下，儿子们的态度也跟着发生了变化，竟然对她不闻不问。家丑不可外扬，为了儿子的面子，老人一直默默忍受。后来，老人生活无法自理，三个儿子都不愿意赡养老人。村里人看不下去了，帮助老人将三个儿子告上了法庭。法庭上，三个儿子竟然理直气壮，推脱责任。老人说："我不要求别的，只求你们三个将欠我的房租还给我就行了。"三个儿子很诧异，不知自己何时欠了房租。老人哭着讲述了自己当年怀三个儿子时的经历，最后说："我只要你们还我那十个月的房租，其他的都不要。"三个儿子沉默了。最后在法官的协调下，三个儿子答应轮流赡养老人。

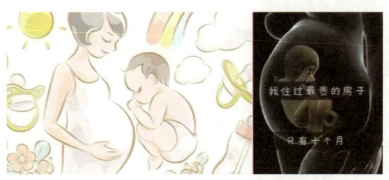

小组讨论：

（1）你知道每个人都住过的最贵的"廉价房"是什么吗？

_____
_____
_____
_____

（2）为什么老妈妈会把三个儿子诉至法庭？如果你是法官，你会怎么做？

_____
_____
_____
_____

（3）作为学生的你又该怎样践行孝道？

_____
_____
_____
_____

三、欣赏歌曲《孝敬父母》

孝顺是疼爱，孝心是祝福，
孝敬就是帮父母忙忙家务下下厨。
瓜果梨桃买给父母尝尝鲜，
订份晚报常为父母读一读。

孝敬父母

孝敬父母，孝敬父母，
常把爱当作对儿女的礼物。
父母的一颗心，围着儿女转，
孝敬父母让老人想起儿女就满足。
孝顺是疼爱，孝心是祝福，
孝敬就是陪父母唠唠家常散散步。
赶上长假，多带父母去旅游，
星期礼拜常跟父母住一住。
孝敬父母，孝敬父母，
常把爱当作对儿女的礼物。
父母这一辈子，吃了不少苦，
孝敬父母让老人的晚年享享清福。
孝敬父母，孝敬父母，
常把爱当作对儿女的礼物。
父母这一辈子，吃了不少苦，
孝敬父母让老人的晚年享享清福。
享享清福！
享享清福！

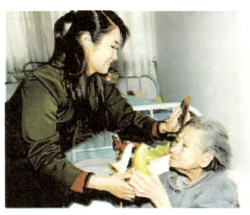 

思考：你的孝顺是什么？体现在哪些方面？

_____
_____
_____
_____

任务二　解读经典

了解中华传统"孝"文化源远流长,中国汉文字意义博大精深;理解"孝"是中华民族的传统美德,是中华传统文化的瑰宝;帮助我们自觉树立文化自信。

一、《论语·学而》节选1

【原文】

子游问孝。

子曰:"今之孝者,是谓能养,至于犬马,皆能有养,不敬,何以别乎?"

【译文】

子游请教什么是孝。

孔子说:"现在所谓的孝,是指能够赡养父母。然而即使是狗与马,人也都能养它们。如果少了尊敬,怎么区别(对待父母和对待犬马)呢?"

【解读】

孔子认为,对待父母不仅仅是物质供养,关键在于要有对父母的爱,而且这种爱是发自内心的真挚的爱。没有这种爱,不仅谈不上对父母孝敬,而且和饲养犬马没有什么两样。同时,孔子认为,子女履行孝道最困难的就是时刻保持这种"爱",即心情愉悦地对待父母。

二、《论语·学而》节选2

【原文】

子曰:"弟子入则孝,出则悌,谨而信,泛爱众,而亲仁。行有余力,则以学文。"

【译文】

孔子说:"弟子们无论在家还是出外都要孝敬父母,敬爱兄长,言行谨慎而诚信,广泛地关爱民众,并且亲近有仁德的人。做到这些以后,如果还有时间和精力,那么就可以用来读书学习文献知识了。"

【解读】

"入""出"互文见义,意思是不论是"出",还是"入",都要讲究"孝""悌"。"谨而信,泛爱众,而亲仁"三句紧随,一气呵成,鱼贯而下,语势自然。孝、悌、谨、信、爱、仁,孔子从六个方面告诫弟子。以"孝悌"为根本,"谨""信""爱"为行为规范,以"仁"为核心,以"仁"为奋斗目标。学习应是广义的,不仅仅限于学习书本知识,首先是学做人,其次才是"学文"。孔子教育学生:做人在前,读书在后;进德在前,修业在后。这段话表现了孔子"为学"的基本思想。

三、《弟子规》"入则孝"节选

【原文】

父母呼	应勿缓	父母命	行勿懒	父母教	须敬听	父母责	须顺承
冬则温	夏则凊	晨则省	昏则定	出必告	反必面	居有常	业无变
事虽小	勿擅为	苟擅为	子道亏	物虽小	勿私藏	苟私藏	亲心伤
亲所好	力为具	亲所恶	谨为去	身有伤	贻亲忧	德有伤	贻亲羞
亲爱我	孝何难	亲憎我	孝方贤	亲有过	谏使更	怡吾色	柔吾声
谏不入	悦复谏	号泣随	挞无怨	亲有疾	药先尝	昼夜侍	不离床
丧三年	常悲咽	居处变	酒肉绝	丧尽礼	祭尽诚	事死者	如事生

任务二 解读经典

【译文】

　　父母呼唤，要及时回答，不要慢吞吞地过了很久才应答；父母差遣，要立刻去做，不可拖延或偷懒；父母教导，应该恭敬地聆听；父母批评，应当顺从地接受。侍奉父母要用心体贴，汉朝时期的黄香（人名）为了让父亲安心睡眠，夏天睡前会帮父亲把床铺扇凉，冬天睡前会为父亲温暖被窝，实在值得我们学习。

　　早晨起床之后，应该先探望父母，并向父母请安问好。下午回家之后，要将今天在外的情形告诉父母，向父母报平安，使老人家放心。外出离家时，须告诉父母要到哪里去，回家后还要当面禀报父母自己回来了，让父母安心，平时起居作息，要做到有规律，做事也要有规矩，不要任意改变，以免父母担忧。纵然是小事，也不要擅自做主，而不向父母禀告。如果任性而为，一旦出错，就有损为人子女的本分，让父母担心，这就是不孝的行为了。

　　公物虽小，也不可以私自据为已有。如果私藏，品德就有了污点，父母知道了一定很伤心。父母所喜好的东西，应该尽力去准备；父母所厌恶的事物，要小心谨慎地去除（包括自己的坏习惯）。如果我们的身体受到伤害，会让父母担忧；如果我们的品德有了污点，会让父母感到羞耻。

　　父母爱我，我孝敬父母，这并不是一件难事；如果父母不爱我，而我又能孝敬父母，这才是真正的大孝。如果父母有了过失，我们要劝其改过；劝的时候一定要和颜悦色，声调柔和。如果父母不接受规劝，也不要着急，待父母情绪好时再劝；如果父母还是不听规劝，要哭泣着恳求他们改过。如果因此而遭父母鞭打，也不要怨恨父母。

　　当父母生病的时候，父母所吃的药自己要先尝，要不分昼夜在父母的身边照料，不离半步。母不幸去世，要守丧三年，守丧期间，要常常因为思念父母而伤心哭泣。在这段时间里，自己住的地方要简朴并戒喝酒、吃肉等生活享受。办理父母的丧事要依照礼仪，祭祀时要尽到诚意，对待已经去世的父母，要像他们在世一样恭敬。

【解读】

　　《弟子规》在"入则孝"的篇首明确提出了孝顺父母的四个基本要求及日常生活中子

15

女应该做到的八件事情；告诉我们应该如何从点滴做起培养自己"入则孝"的习惯，如何进一步培养自己的人格和道德准则；规定了哪些事情是子女应该做的、哪些事情是子女不应该做的；细致地阐述和规定了小辈面对尊长所要持有的理解和遵循的规矩；介绍了孝顺父母的方法。人生在世，父母与我们最亲，给我们的恩情也最重，努力学习侍奉父母的礼节，把孝道当成一项大事业，用心经营，才能立足于天地之间。父慈子孝，不一定让我们的家富裕有钱，不一定有花园别墅可以住，但是，孝行却可以建立天然和谐的秩序，让我们生活在安和乐逸的环境中。家，如果是一个人的堡垒，孝，就是堡垒下的基石。多一份孝心，家就多一份保障，让我们用孝行让家和谐温馨、让国富强美丽。

 小 故 事

一、孟宗哭竹

从前，楚国有个叫孟宗的孝子，对母亲照顾得十分周到。一年冬天，非常寒冷，孟母突然病了，什么也不想吃，孟宗很着急地问："娘，你想吃什么？"孟母说："我只想喝一碗新鲜的笋汤。"孟宗听完，马上跑到屋后的竹园，四处挖掘，希望能找到竹笋。可是在冬天，哪里有竹笋呢？孟宗急得大哭起来。他的眼泪一滴一滴地掉在雪地上，眼泪融化了雪，地上长出了嫩绿的笋。他赶紧把笋挖出来，回家做了一碗笋汤，孟母喝了汤，病就全好了。

二、孟母教子

孟子小的时候，有一天读书厌倦了，就跑回家里。这时他母亲正在织布，见他逃学回来，气得拿起剪刀把快要织好的一块布割断。孟子很奇怪，就问母亲为什么发火。母亲说："织布要一线一线地连起来，一断就成不了布，你读书就像我织布，也要天天用功才会有成就，你现在就厌倦了，什么时候才能成为有用之才呢？"孟子听了十分惭愧，马

上回到学堂发奋读书，后来终于成为有名的大学问家。

三、黄香温席

东汉时期，有个叫黄香的孩子，母亲去世后他和父亲相依为命。黄香虽然很小，但却知道孝敬父亲。夏天，酷暑难耐，为了使父亲晚上能很快入睡，黄香每晚都先把凉席扇凉，再请父亲去睡；冬天，天寒地冻，黄香每天先钻到父亲冰凉的被子里，用身体温热被子后，再扶父亲上床。黄香小小的年纪，就有这样的孝心，也使他在做人、求学上有所成就，后来，他当上了以孝闻名的好官。

任务三　感悟体验与辨识

任务目标

通过观看视频激发感恩之心，感受父爱母爱的伟大与厚重，学习他人的善行孝举；通过诊断身边案例，提高辨别是非的能力，培养自己树立正确的世界观、人生观和价值观。

一、母爱如水　父爱如山

（一）心理游戏

1. 准备活动：按男生女生坐姿礼仪调整自身状况，身体坐直坐稳，然后做三次深呼吸，再从头、颈、肩、胸慢慢放松，使身体轻松，最后达到轻松自然的状态。

2. 情感体验：闭上双眼，低下头，静静用心聆听音乐故事《天亮了》以及歌曲《天亮了》。

音乐故事《天亮了》

3. 心灵感悟：

（1）听到这首歌的歌词时，你心中有什么感受？你的心情怎样？你的脑海中出现了哪些情景？

_____

_____

（2）这首歌表达了怎样的情感？

_____

_____

_____

（二）欣赏散文《孝心的轮回》

诗朗诵《孝心的轮回》

心灵感悟：

你是否感受到浓浓的父母之爱？能否与大家分享？

_____

_____

_____

（三）一封家书

一位大学教授给自己刚考入大学的女儿写了一封信。

这位父亲叫吴辉，是江西财经大学人文学院新闻传播系的副教授。女儿吴阳2017年考入西南林业大学，现在是英语专业大二的学生。吴辉是2017年二三月份开始写这封家书的，当时女儿还在读高三，他酝酿了几个月的时间，最后在高考前成文，高考结束后把信交到了女儿手上，这封家书改变了女儿的人生。如今女儿正在上大学，考雅思的同时，她主动参加了志愿者社和记者社这两个社团，还远赴鲁甸地震灾区服务，成为学校名人。

一封家书

这封信从道德、专业、知识等九个方面给了女儿忠告与建议，饱含着浓浓的父爱。

1. 关于道德：道德首先是一种实践，善良不能仅存于内心。
2. 关于专业：挑专业就是挑兴趣，不要用利益标准衡量。
3. 关于知识：知识使人生拥有更多可能。
4. 关于阅读：读经典，经典是时间选择的产物。
5. 关于竞争：不靠人情关系，要靠本事竞争。
6. 关于漂亮：内外兼修很重要，不要追求花瓶式的漂亮。
7. 关于恋爱：真爱深沉而非浅薄，真心无私而不贪婪。
8. 关于交友：遇事能让则让，有难可帮就帮。
9. 关于时间：不要总觉得年轻，干什么事都还早。

说一说：

（1）从小到大我们是在父母的呵护下成长，你感受到过哪些浓浓的父爱母爱？
_____
_____

（2）你是怎样对待父母的叮咛和"唠叨"的？
_____
_____

（3）在这封信中你学到了什么？今后你准备怎么与父母愉快相处？
_____
_____

（4）如果你是文中的女儿，你该怎么回信？写写试试。
_____
_____

教师解析：

母爱如水，父爱如山。水，滋养心田，山，遮风挡雨。柔柔的水是说不尽的母爱，母爱的内涵是最深刻和丰厚、真诚和细腻的，犹如一潭深不见底的湖水，永远都不会干涸。母亲的爱又是零碎的、杂乱的、不修边幅的，这都取决于她的唠叨，但句句都是深深的爱。父爱是大山，肩负万钧重量，背挡千层风浪。父爱，或许不如母爱那般细腻、外露和无微不至，却更含蓄也更深刻。父亲的教诲像一盏灯，为儿女照亮前程，父亲的脊梁是大树，父亲的肩膀是山，它担负着社会和家庭的重任，为儿女遮挡烈日和风雨！

父爱母爱是伟大的、无私的，拥有父母的爱是幸福的，失去父母的爱是凄凉的，我们要善待父母、善待父母的爱，做一名孝顺的子女，不给自己留遗憾。

二、感恩父母

"2017最美孝心少年"颁奖典礼

由中央电视台主办的"寻找最美孝心少年"大型公益活动于2013年4月18日在北京梅地亚中心正式启动。自2013至2017年已有几十位青少年被评为"最美孝心少年"。他们孝敬父母，孝敬长辈；他们为父母排忧解难，帮父母照顾弟妹，代父母担当家庭责任；他们自强不息，努力向上，奋发有为。他们为全社会的青少年树立了新时期孝心好少年的榜样，对弘扬中华民族优秀文化和传统美德，弘扬尊老爱老敬老的社会风尚，弘扬社会主义的道德观和价值观，弘扬励志成长、乐观积极的人生态度发挥着重要作用。

2017寻找最美孝心少年颁奖典礼

"2017最美孝心少年"：贵州的王泽盼、西藏的索朗曲珍、贵州的王安娜、北京的黄海宁、四川的杨小婷、黑龙江的马芯洋、宁夏的柯原、重庆的李升玫、河南的李家帮和新疆的娜迪热·艾买尔。他们从2 000多人中脱颖而出,最终获得这一光荣称号。

心灵感悟:

(1)如果你的父母就在你面前,你想对他们说什么?
_____
_____

(2)你爱你的爸爸妈妈吗?你是怎么爱他们的?
_____
_____

(3)与这些"最美孝心少年"相比,你在孝敬父母、尊老敬老方面还有哪些不足?你现在心里是一种什么滋味?
_____
_____

教师解析:

乌鸦反哺、小羊跪乳,作为子女应该孝敬父母。父母赋予我们生命,抚育我们成长,教给我们知识、技能和做人的道理。父母对子女的爱是世界上最无私、最伟大的爱。孝敬父母既是为人的基本要求,也是中华民族的传统美德。孝不仅是对父母,还扩指尊敬长辈,"老吾老以及人之老,幼吾幼以及人之幼"。

三、"寻医问药"我来诊断

工学结合、校企合作的培养模式已是中国技工教育的发展方向。某技校为了培养学生的社会实践能力、职业素养和综合素质,安排学生到企业工学实习、社会实践。学生小A、小B、小C三人为同村人,一起被安排到同一企业进行为期半年的工学实习。实习结束时小A顺利完成了学习任务,因工作出色被企业评为"优秀实习生"。平时他省吃俭用,但每次回家探亲却都会为家人购买贴心礼物表示孝心,实习结束后还把攒下的2万元钱交给父母贴补家用,父母激动得热泪盈眶,村里人对他竖起大拇指,夸他是孝顺的孩子。小B也顺利完成了实习任务,他把每个月的生活补贴除了一部分回家为家人购买小礼物外,几乎都用于购买自己的服装和生活消费,实习结束没有积蓄。小C因好吃懒做每个月的生活补贴都被他挥霍一空,每个月还伸手向家里要几千元生活费,工作中也是马马虎虎,经常迟到早退,甚至旷工,最后被企业开除。

寻医问药:

(1)评价小A、小B、小C的实习结果。

_____
_____
_____

(2)你最喜欢案例中的哪个人物?为什么?其他人存在什么问题?

_____
_____
_____

(3)将来你也会面临实习和就业,你会怎么做?

_____
_____
_____

任务四 拓展训练营

任务目标

通过拓展训练,巩固知识,再次激发孝心,把孝亲敬长落实到行动中。

拓展训练一:"我来讲故事"

1. 看一看:观看微电影《最好吃的饭》回答下列问题:

微电影
《最好吃的饭》

(1)视频中的母亲为什么千里迢迢去看望女儿?从母亲身上你感受到了什么?
___
___
___

(2)你认为什么才是"最好吃的饭"?
___
___
___

(3)请写一件你与母亲的小事,感受深深的母爱。
___
___
___

2. 讲一讲:每人准备一个古今孝亲敬长或父爱母爱的故事,通过小组选拔,每小组推荐一名同学参加班级故事会讲演。
___
___
___
___
___

拓展训练二:"我来诵经典"

每人找一篇关于孝亲敬长的古文、诗词或文章,通过小组选拔,每小组推荐一名同学参加班级诵读比赛。

拓展训练三:"我来谈感受"

根据自己实际情况,每人写一篇本单元学习感想。

拓展训练四："我来做一做"

以班级为单位，绘制品行积分卡，每人每周至少做一件孝亲敬老的事，登记在品行积分卡上。

品行积分卡

系部：　　　　　　班级：　　　　　　班主任：　　　　　　　　　年　月　日

姓名		性别		年龄		职务	
家庭地址				联系电话			
善事行为积分情况								
序号	善事行为摘要			积分	核实人		备注
1							
2							
3							
4							
5							
6							
7							
8							
9							
10							
合计							

第二单元 爱国

爱国是基于个人对自己祖国依赖关系的深厚情感，也是调节个人与祖国关系的行为准则。它同社会主义紧密结合在一起，要求人们以振兴中华为己任，促进民族团结、维护祖国统一、自觉报效祖国。

单元导读

　　我国自夏朝就开始有了国家的概念，家国情怀是中华传统文化的基本精神，爱国主义是中华民族精神的核心。纵观历史无数爱国志士抛头颅洒热血、精忠报国，爱国主义精神深深根植于中华儿女的心中，是中华民族的精神基因，维系着中华民族的团结统一，激励着一代又一代中华儿女为祖国发展繁荣而不懈奋斗。

任务一　爱国感知

任务目标

了解"爱国"是中华民族的传统美德，是民族精神的核心；理解"爱国"的内涵及现实意义；掌握爱国的方法；提升自我探究能力以及团队协作能力；自觉树立"技能报国、技能强国"的伟大志向并见之于行动。

案例链接

一、端午节的由来

端午节是中国的传统文化节日，与春节、清明节、中秋节并称为中国汉族的四大传统节日。时间为每年的农历五月初五，亦称为"端阳节""午日节""五月节""龙舟节""浴兰节"等。端午节的起源之说众多，其中以纪念战国时期楚国的伟大爱国诗人屈原流传最广。

据《史记》"屈原贾生列传"记载，屈原是春秋时期楚怀王的大臣，他倡导举贤授能、富国强兵，大力主张联齐抗秦，遭到贵族子兰等人的强烈反对，屈原遭谗言被免职，流放到沅、湘流域。他在流放中，写下的忧国忧民的《离骚》《天问》《九歌》等不朽诗篇，独具一格，影响深远（因而端午节也称诗人节）。公元前278年，秦军攻破楚国都城。屈原眼看自己的国家被侵略，心如刀割，但是始终不忍舍弃祖国，于五月五日，在写下了绝笔作《怀沙》之后，抱巨石投汨罗江而死，以自己的生命谱写了一曲壮丽的爱国主义颂歌。据说屈原投汨罗江后，人们哀悼他，怕他的尸体给鱼龙吃掉，每到这天都用竹筒贮米投水祭之。到汉朝建武年间，传所投之物被蛟龙所窃，于是划龙船赶走蛟龙，再用楝树叶包粽子并以五色丝带缚绑，这为蛟龙所畏惧，投入水中方能见效。因此，端午节人们划龙船、包粽子，以此来纪念屈原。

2008年，端午节被列为国家法定节日。2006年5月，端午节被列入首批国家非物质文化遗产名录；2009年9月，联合国教科文组织审议并批准中国端午节列入世界非物质文化遗产，成为中国首个入选世界"非遗"的节日。

二、铸大国重器探星辰大海——"'中国天眼'之父"南仁东

南仁东（1945—2017），男，中国著名天文学家，生前系国家重大科技基础设施建设项目"500米口径球面射电望远镜"（FAST）工程首席科学家、总工程师。

为了在我国建成世界最大单口径射电望远镜，22年来南仁东带领他的团队走遍云贵高原喀斯特地貌区的300个洼坑。野外生活异常艰苦，他们克服了许多难以想象的困难，终于实现了由跟踪模仿到集成创新的跨越。

2016年9月25日，举世瞩目的"大射电"竣工，被称为"中国天眼"。"天眼"建成后，与号称"地面最大的机器"的德国埃菲尔斯伯格100米口径望远镜相比，灵敏度提高约10倍；与被评为人类20世纪十大工程之首的美国阿雷西博300米口径射电望远镜相比，灵敏度提高1.25倍。2017年10月10日，中国"天眼"首批观测成果对外公布：探测到数千光年甚至数万光年之外的数十个优质脉冲星候选体，其中两颗获得国际认证，这使得中国走在了世界天文界的前列。

2017年9月25日，"中国天眼"——这座世界上最灵敏的最大单口径射电望远镜落成启用一周年。令人悲痛的是，就在离"中国天眼"一周岁还有10天的时候，"'中国天眼'之父"南仁东永远地闭上了眼睛，享年72岁。

"2017全球华侨华人新闻人物"的颁奖词写道："二十四载年华，八千余日夜，终成

观天巨眼；攻坚克难、矢志不渝，他在天文史上镌刻新高度。"人们不会忘记，"'中国天眼'之父"如何带领人们迈向浩瀚宇宙中的星辰大海。

小组讨论：

1．把端午节设为国家法定节日的重要意义是什么？

_____
_____

2．南仁东为什么能放弃国外高薪毅然回国，并且克服种种困难一干就是二十几年？他的目标和精神支柱是什么？

_____
_____

3．以上两个案例给我们什么启示？

_____
_____
_____

知 识 链 接

一、爱国是中华民族精神的核心

爱国是每个公民必备的道德情操，是中华民族最重要的传统美德，也是社会主义核心价值观最主要的部分。爱国是各族人民重要的精神支柱。自古以来，人们总把是否爱国作为衡量和评价一个人是否具有高尚道德的根本标准。

爱国体现了人们对自己祖国的深厚感情，反映了个人与祖国的依存关系，是人们对自己的家园、民族和文化的归属感、认同感、尊严感与荣誉感的统一。爱国是调节个人与祖国之间关系的道德标准、政治原则和法律规范，也是民族精神的核心。每个人来到这个世界，都要在社会中生存，都要获取生存发展的物质条件，都要寻求慰藉心灵的精神家园，这一切首先得之于祖国。"没有国哪有家，没有家哪有我"，这看似平常的话语，道出了最深刻的爱国理由：国家是小家的寄托，更是个人的寄托；国家是物质利益的寄托，更是精神家园的寄托。失去祖国母亲的保护，个人就是无家可归的流浪儿。因此，爱国是每个公民都应当自觉履行的责任和义务。

任务一 爱国感知

二、爱国的意义

爱国是中华民族的传统美德，在新的历史时期对中等职业学校学生进行爱国主义教育，具有重要的时代意义。

1. 爱国是中华民族继往开来的精神支柱。在历史发展过程中，中华民族表现出了强大的生命力。中华文明一脉相承的延续发展，成为人类文明史上的一道奇观。这有着非常深刻的原因，即千百年来深深融入民族意识之中的爱国主义优良传统，成为鼓舞中华民族艰苦奋斗、继往开来的重要精神支柱。作为中等职业学校的学生接受爱国教育，有利于激发学生自身的爱国情怀，自觉树立"修德明志、增识强技"的信心和决心，自觉投身于社会主义现代化建设的实践中。

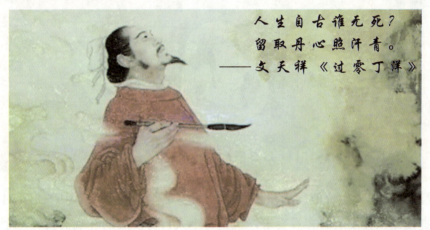

2. 爱国是维护祖国统一和民族团结的纽带。在中华民族的发展史上，爱国主义精神对于维护祖国统一和民族团结起到了十分重要的作用。什么时候团结统一，国家就强盛安宁；什么时候分裂、内乱，国家就积贫积弱。团结统一始终代表了中国社会历史的发展方向，代表了中国各族人民的共同心愿。中等职业学校的学生接受爱国教育，有利于培养祖国统一和民族团结意识，增强民族自信，并自觉投身到维护祖国统一和民族团结的伟大实践中。

3．爱国是实现中华民族伟大复兴的中国梦的动力。近代以来，无数爱国志士，努力探索和寻求民族复兴的道路。在中国共产党的领导下，中国人民以马克思主义为思想武器，经过艰苦卓绝的长期奋斗，实现了民族独立和解放，建立了社会主义新中国，为中华民族伟大复兴的中国梦奠定了坚实的基础。新中国成立以来，中国人民的爱国主义热情空前高涨，爱国主义在推动祖国的全面发展和进步方面，发挥着越来越重要的作用。中等职业学校的学生接受爱国教育，有利于激发学生的民族自豪感，并自觉树立报国之志，为中华民族伟大复兴的中国梦的实现贡献力量。

4．爱国是实现人生价值的力量源泉。爱国主义体现了每一个中华儿女对祖国的责任，这种责任是社会发展的客观要求，也是每个人自身发展的客观需要。一个人应该成为什么人，能够成为什么人，在很大程度上要依赖于社会，依赖于生于斯、长于斯的祖国。祖国给个人的成长发展创造条件，对个人创造的成果作出评价，为个人实现人生价值提供舞台、指明方向。在和谐稳定的社会主义发展新时期，我们只有接受爱国主义教育，树立爱国情怀，才能为实现"两个一百年"奋斗目标和中华民族伟大复兴的中国梦做出应有的贡献。

三、"我"该怎么做

热爱祖国,就是要对祖国怀有最真挚的情感,集中表现为热爱祖国的壮丽河山和矿产资源,热爱祖国悠久的历史传统和灿烂的文化,自觉维护民族团结和国家统一,有强烈的民族自尊心和民族自信心,自觉维护国家尊严和国家利益。

热爱祖国,还应当自觉践行报国之志,为祖国的发展贡献自己的力量。要把对祖国的无比忠诚,对国家前途和命运的无比关心,转化为对祖国的发展自觉奉献的具体实践。将爱国之情、爱国之心、报国之志化作报国之行,做到言行一致,成为一个真正的爱国者。

作为学生应从小事做起,努力培养自己良好的道德品质,锻炼身体,强健体魄,学好科学文化知识,苦练专业技能,把自己的爱国之情落实到实际行动中,努力实现技能强国、技能报国的伟大夙愿。

 活动天地

一、认识自己

1. "自画像":下面是一张自我评价表,请根据自身实际情况给自己打分("肯定"或"经常"记2分、"一般"或"偶尔"记1分、"没有"记0分)。

行为表现	得分	行为表现	得分
关心国家大事		知道我国的国歌、国旗等常识	
升旗时庄严行礼		遵纪守法,言行文明	
热爱祖国的大好河山		维护国家统一,反对分裂	
自觉维护民族尊严		热爱祖国的优秀传统文化	
清楚我国的优良传统并自觉继承发扬		自觉遵守各项道德规范,以身为中国人而骄傲	
不崇洋媚外		不做有损人格国格的事	
锻炼身体,强体报国		爱护公物保护环境	
热爱劳动		尊敬师长	
爱护人民币		刻苦学习,技能报国	

2. 自我总结：
你对自己的"自画像"满意吗？哪些方面还有待进一步完善？

二、情感体验

1. 观看微视频《大道之行》。

大道之行

说一说：你感受到的国家强大表现在哪些方面？看完视频，你准备怎样为中国的伟大复兴做贡献？

2. 欣赏歌曲《大中国》。

想一想：自己的爱国表现有哪些？作为中等职业学校学生应该怎样爱国？

歌曲《大中国》

任务二 解读经典

任务目标

通过解读经典了解家国情怀是中华民族精神的核心,了解古代先贤的爱国表现和感情,激发自己勇于担当、尽一己之力为国家和人民做贡献的热情。

古文解读

(一)《管子·霸言》节选

【原文】

夫国大而政小者,国从其政;国小而政大者,国益大。大而不为者,复小;强而不理者,复弱;重而不理者,复寡;贵而无礼者,复贱,重而凌节者,复轻,富而骄肆者,复贫。

【译文】

国大而政绩小,国家地位也会跟着政绩一样小;国小而政绩大,国家也跟着强大。国大而无所作为,可以变为小;国强而不加治理,可以变为弱;人众而不加治理,可以变为少;地位高贵而无礼,可以变为贱;权重而超越范围,可以变为轻;家富而骄奢放肆,可以变为贫。

【解读】

管仲论述了国家的大小强弱与政绩、礼法、民生、地位、权力的辩证关系，一个国家的强大，离不开贤明的治理和人民的拥护，离不开严明的法制和基本的道德规范。这是管仲以人为本、以法治国的政治思想的核心。

（二）《忠经·报国》节选

【原文】

报国之道有四：一曰贡贤；二曰献猷；三曰立功；四曰兴利。贤者国之干，猷者国之规，功者国之将，利者国之用。是皆报国之道，惟其能而行之。

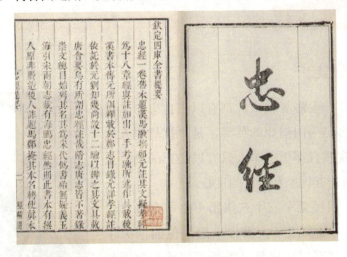

【译文】

报国之道有四种：第一是举荐贤才；第二是出谋划策；第三是建立功业；第四是为民兴利。贤能之人为国家提供栋梁之材；献计献策的人为国家提供治国方略；建功立业的人是保卫国家的将帅之才；为国家增加收入，为民谋利的人是国家的有用之才。这些都是报效国君的方法。只要是尽了自己的能力去做，就可以了。

【解读】

一个对社会有用的人，不仅应该树立报国之志，还应该懂得报国之道。古人认为，报效祖国有四种途径：一是举荐贤才；二是出谋划策；三是建功立业；四是为民兴利。贤能之人是国家的栋梁之材；贡贤良策的人为国家提供治国方略；建功立业的人是保卫国家的将帅之才；为国家和人民谋利的人是国家的有用之才。

（三）《左转·昭公元年》节选

【原文】

临患不忘国，忠也。思难不越官，信也；图国忘死，贞也；谋主三者，义也。

【译文】

面临祸患而不忘记国家,这是忠心。想到危难而不放弃职守,这是诚意。为国家打算而不惜一死,这是坚定。计谋以上述三点作为主体,这是道义。

【解读】

为国尽忠,是人人应有的品德,这种品德必须落实到实际行动中。古人认为,忠于国家,要时刻关心国家的命运、民族的前途、人民的利益,把自己的生命与祖国的兴亡、民族的安危、人民的幸福紧密联系在一起。

小 故 事

一、抗日名将张自忠

在北京、天津、上海等城市,都有以张自忠命名的街道。因为张自忠是为国捐躯的英雄,是"抗战军人之魂"。张自忠经常教育部下:军人只有以必死的决心去战胜敌人,才能对得起国家和自己的良心。

1940年5月,国民党军三十三集团军总司令张自忠率部在湖北襄阳一带抗战。大洪山一战,他们消灭了1 000多名日寇。日军疯狂报复,派重兵把他们包围起来。张自忠率领士兵坚决抵抗,他手举步枪高喊:"弟兄们,一定把敌人消灭!"一天过去了,阵地还在,他们却一天没吃东西。第二天,敌人用飞机大炮轰炸。张自忠几次组织反击都没有成功。部下劝他突围,他说:"我要撤了,这一带就保不住了。我要用身体来保卫湖北西部河山!"后来他们被困在杏儿山上,无法冲出去。张自忠左肩受了伤,他说:"我是不打败仗的,败只有死,我不能对不起部下。只有誓死不退,才能抗敌保国。"日军冲了上来,张自忠身中数弹,仍然立在山头,坚持抵抗。一颗子弹击中他的胸部,血流不止。他倒在地上对副官说:"我这样死得好,对得起国家,对得起民族……心里平安。"说完,他又顽强地站起来,向敌人扑过去,敌人的子弹又射中他的腹部和头部。张自忠为国尽忠了,他是在抗战中牺牲的中国军人中职务最高的一个。

自古以来,牺牲在战场上,一直是爱国军人引以为豪的事情。特别是那些明知死在眼前仍勇敢赴难的人,更令人崇敬。

二、董存瑞舍身炸暗堡

电影《董存瑞炸碉堡》片段

1948年5月25日,我军攻打隆化城的战斗打响。董存瑞所在连队担负攻击国民党守军防御重点隆化中学的任务。他任爆破组组长,带领战友接连炸毁4座炮楼、5座碉堡,胜利完成了任务。连队随即发起冲锋,突然遭敌一隐蔽的暗堡猛烈火力的封锁。部队受阻于开阔地带,二班、四班接连两次对暗堡爆破均未成功。董存瑞挺身而出,向连长请战:"我是共产党员,请准许我去!"毅然抱起炸药包,冲向暗堡,前进中他左腿负伤,仍顽强坚持冲至桥下。由于暗堡建在一座桥上,距地面超过身高,两头桥台又无法放置炸药包。紧要关头,董存瑞毫不犹豫地用左手托起炸药包,右手拉燃导火索,高喊:"为了新中国,冲啊!"碉堡被炸毁,董存瑞以自己的生命为部队开辟了前进的道路,年仅19岁。

任务三　感悟体验与辨识

任务目标

通过观看有关视频感受祖国的强大与辉煌,激发爱国之情,自觉树立报国之志,实践报国之行;通过诊断身边案例,提高辨别是非的能力,培养正确的世界观、人生观和价值观。

一、"我爱你,中国"

(一)李鸿章与《马关条约》

1895年甲午一战,李鸿章苦心经营20年的北洋海军全军覆没。对

中日马关谈判

于李鸿章而言，甲午战败是他一生的耻辱，签订《马关条约》更是他一生最大的耻辱。1895年4月17日，李鸿章代表清政府与日本代表签订了丧权辱国的中日《马关条约》。《条约》规定：清政府承认朝鲜"独立自主"；割辽东半岛、台湾、澎湖列岛及附属岛屿给日本；赔偿日本军费白银二亿两；增开重庆、沙市、苏州、杭州为通商口岸；开辟内河新航线；允许日本在中国的通商口岸开设工厂，产品运销中国内地免收内地税。

（二）《辉煌中国》第一集

巍巍中国，雄踞于世界东方的巨龙，正日益走进世界舞台的中央。党的十八大以来，在创新、协调、绿色、开放、共享的新发展理念下，我国取得了辉煌的历史性成就。国内生产总值年均增速在世界主要经济体中位居第一，中国对世界经济的贡献率超过30%，成为拉动全球经济的第一引擎。从站起来、富起来到如今的强起来，这历史性的飞跃见证了大国崛起的辉煌征途。一个个大国重器是中国科研领域硕果累累的真实反映；中国桥、中国路、中国车、中国港、中国网等举世瞩目的成就，是对国家实力的极佳写照；坚守梦想的工程师、科学家、拓荒者们，是谱写时代鸿篇的挥毫泼墨者；城市中闪耀的万家灯火，正是对国泰民安的最好注解！2012年到2016年，高速公路里程13.1万公里，世界第一，2020年将达到15万公里；高铁里程2.2万公里，世界第一；城市轨道交通4 153公里，世界第一；光缆线路3 041万公里，世界第一；世界前10座斜拉桥中国占7座；世界前10座悬索桥中国占6座。

二、爱国故事

（一）爱国工匠李万君

　　"技能报国"是他的终生夙愿，"大国工匠"是他的至尊荣光。他从一名普通焊工成长为我国高铁焊接专家，是中国第一代高铁工人的杰出代表，是高铁战线的杰出工匠，被誉为"工人院士""高铁焊接大师"，他就是爱国工匠李万君。为了在外国对我国高铁技术的封锁面前实现技术突围，李万君凭着一股不服输的钻劲儿、韧劲儿，积极参与填补国内空白的几十种高速车、铁路客车、城铁车转向架焊接规范及操作方法的研发，先后进行技术攻关100余项，其中21项获国家专利，《氩弧半自动管管焊操作法》填补了我国氩弧焊焊接转向架环口的空白。为了在外国技术无法解决的难题中勇攀高峰，他一次又一次地试验，取得了一批重要的核心试验数据，专家组以这些数据为重要参考编制了《超高速转向架焊接规范》。如今，中车长春轨道客车股份有限公司的转向架年产量超过9 000个，比庞巴迪、西门子和阿尔斯通世界三大轨道车辆制造巨头的总和还多。他研究探索出的"环口焊接七步操作法"成为公司技术标准。为了为中国高铁储备世界级人才"因子"，他依托"李万君大师工作室"，先后组织培训近160期，为公司培训焊工1万多人次，创造了400余名新工提前半年全部考取国际焊工资质证书的"培训奇迹"，培养带动出一批技术精湛、职业操守优良的技能人才，为打造"大国工匠"储备了坚实的新生力量。

　　李万君获得了众多荣誉：全国五一劳动奖章获得者并代表全国1 600多名获奖者宣

读倡议书；中华技能大奖获得者；享受国务院特殊津贴；吉林省高级专家；吉林省技能传承师；吉林省第十次党代会代表；2005年被国资委授予"中央企业技术能手"称号；2006年被国资委授予"中央企业知识型先进职工"称号；2007年被中国北车集团授予"中国北车金蓝领"称号；2008年被中国北车集团授予"中国北车拔尖技术能手"称号；2008年被人力资源和社会保障部授予"全国技术能手"称号；2009年被中华全国铁路总工会授予"火车头奖章"；2009年被中国北车集团授予"中国北车技术标兵"称号；2016年7月被中组部授予"全国优秀共产党员"称号；2017年2月8日被评为"2016年度感动中国人物"，颁奖词这样说："你是兄弟，是老师，是院士，是这个时代的中流砥柱。表里如一，坚固耐压，鬼斧神工，在平凡中非凡，在尽头处超越。这是你的人生，也是你的杰作。"

器成天下走——
李万君

心灵感悟：

李万君最初是职业高中毕业，但他经过努力学习、刻苦钻研，最终站在了焊工领域的世界之巅，为我国高铁行业做出了卓越贡献，也实现了自身价值。同学们有着同他一样的学历，静下心来思考一下自己该怎么做？

_____

_____

_____

（二）乡心正无限 凤德咏余芬：央宗和卓嘎

卓嘎和央宗，西藏自治区山南市隆子县玉麦乡村民，姐妹俩。

玉麦乡地处祖国西南边陲，1964年至1996年的33年间，桑杰曲巴家是这片土地上仅有的一户人家。爸爸和两个女儿、一栋房子，既是乡政府，也是他们的家。父亲桑杰曲巴是个老民兵，放牧守边33年，从未离

我为祖国守边陲

开过这片土地。卓嘎、央宗姐妹俩在父亲的培养下,加入了中国共产党,他们父女三人以放牧为生,守护着祖国数千平方公里的国土。父亲桑杰曲巴常对卓嘎和央宗说:"如果我们走了,这块国土上就没有人了!"这句话,两个女儿记了一辈子,她们知道,守护土地,就是守护国家。

2018年3月1日,央宗和卓嘎被评为"2017年度感动中国人物",颁奖词这样说:"日出高原,牛满山坡。家在玉麦,国是中国。中国是老阿爸手中缝过的五星红旗,中国是姐妹俩脚下离不开的土地。高原隔不断深情,冰雪锁不住春风,河的源头在北方,心之所向是祖国。"

说一说:

(1)视频中的人物是怎样爱国的?

_____

_____

(2)看完视频你的内心有何感触?在今后的学习生活中你又该怎么做?

_____

_____

_____

三、"寻医问药"我来诊断

小明和小光是同一所技校的学生,关于爱国,二人有着不同的看法。

小明认为:未成年人还不具备爱国的能力,爱国是成年人的义务和责任,与未成年人无关。小光认为:爱国是中国公民的义务,无论是成年人还是未成年人都应该爱国,爱国的表现有很多种,爱国行为可以从小事做起,作为学生,锻炼身体、学好本领也是爱国。

寻医问药：

上述两位同学的观点你赞同哪个？为什么？

_____
_____
_____
_____
_____

任务四　拓展训练营

任务目标

通过拓展训练，巩固知识，再次激发情感，把爱国之情化为报国之志并落实到行动中。

一、拓展训练一："我来讲故事"

1. 看一看：观看视频《"两弹一星"功勋科学家钱学森》回答问题。

"两弹一星"功勋
科学家 钱学森

（1）钱学森回国前的爱国表现有哪些？
_____
_____
_____
_____

（2）钱学森回国后的爱国表现有哪些？
_____
_____
_____
_____

（3）作为青年学生应学习钱学森的哪些优秀品质？
_____
_____
_____
_____

2. 讲一讲：每人准备一个古今爱国人物故事，通过小组选拔，每小组推荐一名同学参加班级故事会讲演。

二、拓展训练二:"我来诵经典"

每人找一篇关于爱国的古文、诗词或文章,通过小组选拔,每小组推荐一名同学参加班级诵读比赛。

三、拓展训练三："我来谈感受"

结合自身实际，写一篇关于本单元的学习心得，题目自拟。

四、拓展训练四："我来做一做"

根据自己的实际情况，把自己的爱国行为登记在品行积分卡上。

品行积分卡

系部：　　　　　　班级：　　　　　　班主任：　　　　　　　　　年　月　日

姓名		性别		年龄		职务	
家庭地址				联系电话			
善事行为积分情况							
序号	善事行为摘要			积分	核实人		备注
1							
2							
3							
4							
5							
6							
7							
8							
9							
10							
合计							

第三单元
尊　师

尊师经

师有道学有德
天地清人心净
师道尊国将兴
师轻贱国乃丧
古建国教学先
崇道德术有专
今盛世尚尊师
礼仪备心先敬
为国家为后代
请尊师慎言行

单元导读

　　古语有云："国将兴，必贵师而重傅。"尊师重道是中华民族的传统美德，古往今来，代代相传。我国从1985年起每年9月10日为教师节，从1994年1月1日起正式实施《中华人民共和国教师法》，以保障教师的合法权利，提高教师的待遇和社会地位。

任务一　尊师感知

任务目标

了解"尊师重道"是中华民族的传统美德，是中华传统文化的重要内容；理解"尊师重道"的内涵及现实意义；掌握尊师的方法；培养学生的自我探究能力以及团队协作能力，激发自身的尊师之情和感恩之心，并内化于心，外化于行。

案例链接

一、程门立雪

宋朝的时候，有一位有学问的人，名叫杨时，他对老师十分尊重，一向虚心好学。"程门立雪"便是他尊敬老师、刻苦求学的一段小故事。

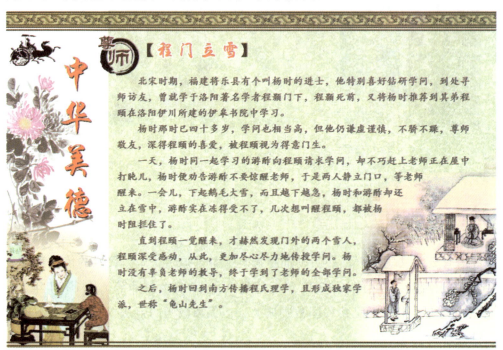

【程门立雪】

北宋时期，福建将乐县有个叫杨时的进士，他特别喜好钻研学问，到处寻师访友，曾就学于洛阳著名学者程颢门下，程颢死前，又将杨时推荐到其弟程颐在洛阳伊川所建的伊皋书院中学习。

杨时那时已四十多岁，学问也相当高，但他仍谦虚谨慎，不骄不躁，尊师敬友，深得程颐的喜爱，被程颐视为得意门生。

一天，杨时同一起学习的游酢向程颐请求学问，却不巧赶上老师正在屋中打盹儿，杨时便劝告游酢不要惊醒老师，于是两人静立门口，等老师醒来。一会儿，下起鹅毛大雪，而且越下越急，杨时和游酢却还立在雪中，游酢实在冻得受不了，几次想叫醒程颐，都被杨时阻拦住了。

直到程颐一觉醒来，才赫然发现门外的两个雪人，程颐深受感动，从此，更加尽心尽力地传授学问。杨时没有辜负老师的教导，终于学到了老师的全部学问。

之后，杨时回到南方传播程氏理学，且形成独家学派，世称"龟山先生"。

二、孔子尊师

公元前521年春，孔子得知他的学生宫敬叔奉鲁国国君之命，要前往周朝京都洛阳朝拜天子，便觉得这是个向周朝守藏史老子请教"礼制"学识的好机会，于是征得鲁昭公的同意后，与宫敬叔同行。到达京都的第二天，孔子便徒步前往守藏史府去拜望老子。正在书写《道德经》的老子听说誉满天下的孔丘前来求教，赶忙放下手中刀笔，整顿衣冠出迎。孔子见大门里出来一位年逾古稀、精神矍铄的老人，料想便是老子，急趋向前，恭恭敬敬地向老子行了弟子礼。进入大厅后，孔子再拜后才坐下来。老子问孔子为何事而来，孔子离座回答："我学识浅薄，对古代的'礼制'一无所知，特地向老师请教。"老子见孔子这样诚恳，便详细地抒发了自己的见解。

回到鲁国后，孔子的学生们请求他讲解老子的学识。孔子说："老子博古通今，通礼乐之源，明道德之归，确实是我的好老师。"还打比方赞扬老子说："鸟儿，我知道它能飞；鱼儿，我知道它能游；野兽，我知道它能跑。善跑的野兽我可以结网来逮住它，会游的鱼儿我可以用丝条缚在鱼钩来钓到它，高飞的鸟儿我可以用良弓把它射下来。至于龙，我却不能够知道它是如何乘风云而上天的。老子，其犹龙邪！"

三、毛泽东尊师

徐特立是毛泽东就读湖南省立第一师范学校时任课时间最长的教师之一。毛泽东与徐特立自1913年相识，浓浓的师生情、同志情、战友情，绵延持续半个多世纪。

毛泽东曾在延安为徐特立两次祝寿。1937年2月1日，徐特立60岁生日这一天，正忙于制定抗日救国大计的毛泽东，怀着对老师的尊重、敬仰和感激之情，写了一封情深意浓的长信，其中几句早已脍炙人口："你是我二十年前的先生，你现在仍然是我的先生，你将来必定还是我的先生……"字里行间充盈着学生对老师的敬重之情和挚爱之意。当晚，毛泽东派人骑马涉过延河,将此信专程送到在保安的徐特立老师手中。

时隔10年后的1947年2月,毛泽东又在延安为徐特立老师举办了一次非同寻常的70岁生日贺寿活动。寿诞的头天晚上,毛泽东、朱德、周恩来等中央领导同志亲自到杨家岭徐老居住的窑洞去"暖寿",吃"长寿面"。毛泽东特意做了一个寿糕,并在寿糕盒子上亲笔题写了"坚强的老战士"六个字。他躬身把寿糕送到徐老手中。徐老激动地切开寿糕,与大家分享。

中华人民共和国成立之初的1950年春,中共中央在香山召开中央供给部干部会议,毛泽东小心地搀扶着徐特立上主席台,并亲自为他泡茶倒水。当徐老作完报告、全体人员起立退场时,他又端起徐老的杯子,将剩下的茶水一饮而尽。亲密无间的师生情谊,在此体现得淋漓尽致。毛泽东曾对周谷城赞扬徐老:"他是我上第一师范时的先生,他还是我革命的老师哩。"

小组讨论:

(1) 为什么"程门立雪"和"孔子尊师"的故事会流传至今?两个人物的事迹之所以被世人认可并传颂,他们的共同点是什么?

_____
_____
_____

(2) 杨时、孔子、毛泽东三位伟大的人物是怎样尊师的?

_____
_____
_____

(3) 当今社会为什么极力倡导尊师重道?

_____
_____
_____
_____

知识链接

一、尊师重道是中华民族的传统美德

尊师重道是中华民族的传统美德。"尊师"是指尊敬师长,"重道"是指重视老师传授的知识和道理。尊师重道就是指尊敬师长、尊重知识、尊重人才、重视教育、追求真

理。中国传统民居的堂屋中间一般供奉天地君亲师，可见老师是仅次于父母的长辈，故以前称呼老师为师父，便是严师如父的意思。古语有云，"国将兴，必贵师而重傅""师者，人之模范也""一日为师，终身为父""人有三尊，君父师是也"，这充分体现了中华民族"尊师"的道德观念。

二、尊师重道的现实意义

百年大计，教育为本；教育大计，教师为本。教师承担着传播知识、传播思想、传播真理的历史使命，肩负着塑造灵魂、塑造生命、塑造人的时代重任，是教育发展的第一资源，尊师重道势在必行。在中等职业学校中开展尊师教育，对培养个人道德、建设社会主义精神文明、构建社会主义和谐社会、实现中华民族伟大复兴的中国梦具有重要的现实意义。

（一）尊师重道是道德修养的起点

古语云："一日为师，终身为父。"老师教给我们知识、技能和做人的道理，像父母一样关心我们，不辞辛劳，不求报偿，无私奉献。我们应该像尊敬父母一样尊敬老师，接受老师的教育。一个人如果不懂得尊师重道，他就不会尊敬父母、朋友和同学，不会接受别人的意见，也就不能养成良好的道德品质、建立良好的人际关系、提高自己的学识素养，就会在生活中处处碰壁。所以，尊师重道是实现立德树人教育目标的前提，是公民道德修养的起点。

（二）尊师重道是精神文明建设的重要内容

社会主义精神文明建设包括思想道德建设和教育、科学、文化建设。尊师重道的本质是尊重老师、尊重知识、尊重人才、尊重教育。但在现实生活中，尊师重道的观念已经逐渐淡薄，很多家长和学生不懂得尊重老师，甚至认为教师传授知识和学生接受知识是一种商品买卖关系，根本不需要尊重老师，于是我们看到了很多家长、学生漫骂老师，甚至殴打伤害老师的现象。提倡尊师重道，有利于在全社会形成尊重教师、尊重知识、尊重人才、重视教育的社会风气,从而引导人们树立正确的人生观、价值观,促进社会主义精神文明建设。

(三)尊师重道是实现中华民族伟大复兴中国梦的重要保障

《荀子·大略》中说道:"国将兴,必贵师而重傅……国将衰,必将贱师而轻傅。"这说明是否重视教师的地位与国家的兴衰存亡关系极大。百年大计,教育为本。教育越来越成为提高一个国家创新能力的基础,教育水平的高低决定着人才培养的数量和质量,决定着一个国家的科技发展水平和创新能力,并最终决定着一个国家和民族的兴衰成败。当今世界的发达国家,无一例外都十分重视教育、尊重教师。"两个一百年"的奋斗目标及中华民族伟大复兴的中国梦的实现都离不开教育之本、教师之本。一个文明进步的社会,必定是尊重教师、尊重知识、尊重人才、重视教育、追求真理、崇尚正义的社会。可见,尊师重道既是实现"两个一百年"奋斗及中华民族伟大复兴的中国梦的重要保障,又是社会文明进步的标志。

三、"我"该怎么做

21世纪的竞争就是人才的竞争。今天,我国已进入全面建设社会主义现代化强国的关键时期,我们要在激烈的竞争中实现后发赶超,继承和发扬尊师重道的优秀传统文化精神已成为现实发展的迫切需求。尊师重道不仅应该是我们必备的道德修养,而且应该成为我们的自觉行为。我们怎样才能做到尊师重道呢?

(一)尊重、关心、体谅老师

老师是人类文明的传播者,为了学生的成长呕心沥血,在学生的成长过程中发挥着不可替代的作用。全社会都应该关心老师、体谅老师,形成尊师重道的良好社会氛围。作为学生,尊师重道应从简单的小事做起,通过尊师行为向老师传达一份尊重、一份温馨、一份感恩。要自觉养成主动问好的习惯，早上问"老师早"，见面说"老师好"，分手说"老师再见"；到老师办公室，先喊"报告"，经允许后方可进入；给老师递东西或接受老师交递的东西时要用双手；不要在背后议论老师，不要直呼其名，更不能给老师起绰号。

（二）尊重老师的劳动

教师的工作是非常繁重而又复杂的，每一堂课都凝集着他们的心血和汗水。老师不仅教给我们知识和技能，而且教给我们做人的道理。我们要认真学习老师教授的知识和技能，实践老师传授的道理，把所学到的知识、技能用来服务社会，为国家做出贡献，成就一番事业。

（三）虚心听从老师教诲

按照老师的要求去学习、去实践，做好教室、宿舍、卫生区及个人的卫生，不顶撞老师，不强词夺理，乐于接受老师的帮助和教育。

（四）遵守课堂礼仪

进入课堂应该衣着整洁，举止文明；上课专心听讲，不做与学习无关的事情，主动配合老师开展教学；课堂提问要先举手，老师示意后起立回答，经允许后再坐下；实习课堂要穿戴好劳保用品，遵守安全纪律，不擅自动用实习设备。

党的十八大以来，习近平曾多次在考察、讲话、批示中表达了对教育事业的重视和教师职业的尊重，他说："百年大计，教育为本。教育大计，教师为本。国家繁荣、民族振兴、教育发展，需要我们大力培养造就一支师德高尚、业务精湛、结构合理、充满活力的高素质专业化教师队伍，需要涌现一大批好老师。全国广大教师要做有理想信念、有道德情操、有扎实知识、有仁爱之心的好老师，为发展具有中国特色、世界水平的现代教育，培养社会主义事业建设者和接班人做出更大贡献。各级党委和政府要坚持把教育放在优先发展的战略位置，继续大力推动教育改革发展，使我国教育越办越好、越办越强"；"教育决定着人类的今天，也决定着人类的未来。"尊师重教是中华民族的传统美德，也是时代的客观要求，尊师重教势在必行，人人必行。

活动天地

一、认识自己

1．"自画像"：下面是一份自我评价表，请根据自身实际情况给自己打分（"肯定"或"经常"记2分、"一般"或"偶尔"记1分、"没有"记0分）。

行为表现	得分	行为表现	得分
尊敬所有老师		见到老师主动问好	
主动帮老师做力所能及的事情		主动擦黑板	
主动收发作业		课前准备充分	
上课认真听讲		课后积极完成作业	
从未顶撞过老师		积极完成老师布置的任务	
关心老师的健康		经常问候老师	
教师节给老师打电话或发信息		听从老师的教导	
不早恋		不吸烟酗酒	
从不参与打架斗殴		从不做让老师担忧的事情	

2．"照镜子"：请按照下列样式制卡，并请班主任老师为自己进行评分（"肯定"或"经常"记2分、"一般"或"偶尔"记1分、"没有"记0分）。

行为表现	得分	行为表现	得分
尊敬所有老师		见到老师主动问好	
主动帮老师做力所能及的事情		主动擦黑板	
主动收发作业		课前准备充分	
上课认真听讲		课后积极完成作业	
从未顶撞过老师		积极完成老师布置的任务	
关心老师的健康		经常问候老师	
教师节给老师打电话或发信息		听从老师的教导	
不早恋		不吸烟酗酒	
从不参与打架斗殴		从不做让老师担忧的事情	

3．自我总结：
你对自己的"自画像"满意吗？哪些方面还有待进一步完善？

_____

_____

二、情感体验：生命之爱——最美女教师张丽莉

2012年5月8日20时38分，在佳木斯市胜利路北侧第四中学门前，一辆客车在等待师生上车时，因驾驶员误碰操纵杆致使车辆失控撞向学生，危急之下，教师张丽莉将学生推向一旁，自己却被碾到车下，造成双腿截

最美教师张丽莉

肢，另有4名学生受伤。爱生如子的她平时关心每一名学生，让学生在老师那里能体会到父母般的关爱，在危险时刻奋不顾身保护学生，体现了一名人民教师对学生高度负责的精神。张丽莉以她的行动为教师立范，为社会立标，为世人立信，为人性立尊。

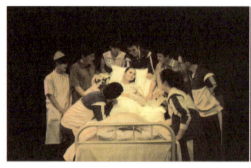

说一说：

一个人的成长过程中会遇到很多老师，每位老师都会把自己的爱毫无保留地分给每位学生，每位老师爱学生的方式各有不同，张丽莉老师的爱是生命之爱。说一说你感受到的老师之爱是怎样的？你又是怎样回报老师的爱的？

三、欣赏歌曲《谢谢老师》

感恩老师

感恩老师将我们引入知识的殿堂
感恩老师帮我们把握人生的航向
感恩老师为我们作出行为表率
感恩老师给我们的关怀
感恩老师用生命呵护我们成长
感恩老师用清贫诠释人生
感恩老师激励我们成长
感恩老师用爱心托起明天的太阳
感谢老师 感谢师恩

师恩恩重如山

他像蜜蜂，在人间辛勤地劳作！
他像园丁，精心培育祖国的栋梁！
他像蜡烛，燃烧自己照亮别人！
他像人梯，用肩膀支撑着我们攀高！
他像石子，让别人踩着开辟前程！
他像灯塔，指引着我们前进的方向！
他像轮渡，把我们载向成功的彼岸！
他像拐杖，支撑着我们走向阳光！

歌曲《谢谢老师》

说一说：用一段话向老师表达你的感恩之情。
_____
_____
_____

任务二　解读经典

感受中华传统文化"尊师重道"源远流长，理解"尊师重道"是中华民族的传统美德。

一、《礼记·学记》节选

【原文】

凡学之道，严师为难。师严然后道尊，道尊然后民知敬学。是故君之所不臣于其臣者二：当其为尸，则弗臣也；当其为师，则弗臣也。大学之礼，虽诏于天子无北面，所以尊师也。

【译文】

凡是为学之道，以尊敬教师最难做到。只有做到尊敬教师，才能够尊重知识。只有尊重知识，才能够严肃认真地学习。所以，君主在两种情况下是不以对待臣子的态度来对待臣子的：一是当下属在祭礼中担任祭主的时候，不能用对待下属的态度来对待他，要恭恭敬敬地接受祭主的安排；二是当下属当自己的教师的时候，也不能用对待下属的态度来对待他，要恭恭敬敬地接受教师的教诲。按照大学的礼节，教师给君主传授知识讲解经典，是不需要施行下属的礼节的。君主在听讲时，忘记了自己的君主之尊，而恭敬认真地学习，那就是尊敬老师了。

【解读】

本文要求领导者做尊师的典范。

首先，领导者要有终身学习，不断更新自己、提高自己的理念。有学习需求的领导者，才有可能注意到教师职业非同一般的重要性，才会对于尊师有切身的体验。

尊师重道，要从领导者做起。

二、《后汉书·孔僖传》节选

【原文】

臣闻明王圣主，莫不尊师贵道。

【译文】

我听说贤明的圣主，没有不尊师重道的。

【解读】

孔僖认为贤明的君主都会尊师重道。尊师重道对于国家的发展、社会的进步具有重要意义。

三、《荀子·大略》节选

【原文】

国将兴，必贵师而重傅；贵师而重傅，则法度存。国将衰，必贱师而轻傅；贱师而轻傅，则人有快；人有快则法度坏。

【译文】

国家将要兴盛的时候，一定是尊敬老师并看重有技能的人，如此法度就能保持并得以推行。反之，国家将要衰败的时候，一定是鄙视老师并看轻有技能的人，如此人们就产生放肆之心；人有了放肆之心，法度就会破坏。

【解读】

先秦诸子中，荀子是最为提倡尊师重道的。他认为尊师与否决定着国家的兴衰，因此大力倡导尊师重道。一个国家想要振兴，必须尊敬教师，重视传授专长技术的师傅，教师受尊重，国家的法律制度就能得到保存。国家如果趋于衰败，一定轻视教师，教师不受到尊重，人就会放纵性情，破坏法纪。

四、《鸣沙石室佚书·太公家教》节选

【原文】

弟子事师敬同于父习其道也学其言语。……忠臣无境外之交，弟子有束脩之好。一日为师终身为父。

【译文】

学生侍奉老师应当像对待父亲一样恭敬,要学习老师的文化知识和道德为人,还要学习老师说话的方式和技巧……忠臣不应该有境外的私交,学生应该有主动给老师来脩的好意。哪怕只当了你一天的老师,也要终身把老师当作父亲那样敬重。

【解读】

《太公家教》是我国最古老的治家格言,本文中"弟子事师敬同于父""一日为师终身为父"等都是崇敬老师、重视教师作用的教诲,很有学习和借鉴价值。

五、《师说》节选

【原文】

古之学者必有师。师者,所以传道受业解惑也。人非生而知之者,孰能无惑?惑而不从师,其为惑也,终不解矣。生乎吾前,其闻道也固先乎吾,吾从而师之;生乎吾后,其闻道也亦先乎吾,吾从而师之。吾师道也,夫庸知其年之先后生于吾乎?是故无贵无贱,无长无少,道之所存,师之所存也。

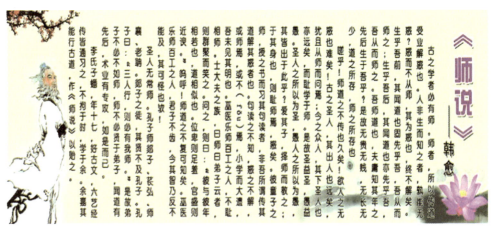

【译文】

古代求学的人必定有老师。老师,是用来传授道理、讲授学业、解答疑难问题的。人不是一生下来就懂得道理的,谁能没有疑惑?有了疑惑,如果不跟老师学习,那些疑难的问题,就始终不能解开。出生在我之前的人,他懂道理本来就比我早,我跟从他,拜他为老师;出生在我之后的人,如果他懂道理也比我早,我也跟从他,拜他为老师。我是向他学习道理的,哪管他的年龄比我大还是小呢?因此,无论高低贵贱,无论年长年幼,道理存在的地方,就是老师所在的地方。

【解读】

《师说》是韩愈(唐代文学家、哲学家、思想家)的一篇著名论文,这篇文章是针对门第观念影响下"耻学于师"的坏风气写的。韩愈从教师的职能作用是"传道受业解惑"来阐述从师的重要性和择师的标准,倡导尊师重道。

 小故事

一、鲁迅探望老师

鲁迅对寿镜吾老师一直很尊重。他18岁到南京读书,每当放假回绍兴时,总要抽空去看望寿老先生,1902年至1909年,鲁迅出国留学。这8年间,鲁迅经常写信向寿老师汇报自己在异国的学习情况。1906年6月,鲁迅从日本回绍兴与朱安女士结婚,在绍兴只停留了短短的4天,但仍专程探望了年逾花甲的寿老先生。

二、华罗庚成名不忘师恩

著名数学家华罗庚成名之后不止一次说过,他能取得一些成就,全靠他的老师栽培。1949年,华罗庚从国外回来,马上赶回故乡江苏金坛,看望发现他数学才能的第一个"伯乐"——王维克老师。他在金坛作数学报告时,特地把王老师请上主席台就座,进会场时让老师走在前面,就座时只肯坐在老师的下首。

任务三 感悟体验与辨识

 任务目标

通过观看有关视频感受教师的伟大与无私,继而激发感恩之心;学习先辈的尊师重道之举,自觉转化为实际行动,尊师敬长;通过诊断身边案例,提高辨别是非的能力,培养自己正确的世界观、人生观和价值观。

一、师之大爱

（一）情景诗欣赏《九月问答》

情景诗《九月问答》

心灵感悟：

（1）欣赏完这首诗，你心中有什么感受？你的脑海中出现了哪些情景？

_____
_____
_____
_____

（2）这首诗表达了怎样的情感？

_____
_____
_____
_____

（二）"生命是给予而不是索取"——采访91岁退休教师潘其华

教龄33年，退休又33年，91岁高龄依然执教，最初的梦想让她将三尺讲台坚守了一辈子。这位伟大的老师让我们感动，让我们骄傲，值得我们学习！她就是潘其华老师。采访中她的话语打动了每一个人，她说："感谢孩子们的期待和爱让我做了一辈子的老师，从未对自己的选择有过后悔，如果再给我一次选择的机会，还是会用一生的时间和孩子们在一起。"她说："我们的工作就是永远营造一个好的社会。"还引用了她的恩师的话："Life is to give, not to take."（生命是给予，而不是索取。）潘老师用一生诠释了教师的价值。

采访91岁退休教师潘其华

(三)"最美乡村教师"——朱敏才、孙丽娜

72岁和61岁,这个年纪的北京人多数都徜徉在各大公园休闲娱乐。可有这样一对北京夫妇,他们本来过着跟大多数人一样的生活,但对故乡的眷恋和对教育工作的热爱,召唤他们矢志不渝、克服困难在贵州山区坚持支教9年,为苗乡播撒文明,赢得了各族群众的尊敬。他们就是2014年度"最美乡村教师"朱敏才和孙丽娜夫妇。

最美乡村教师——朱敏才、孙丽娜

朱敏才是贵州黄平县人,1965年从贵州大学英语系毕业后,被分配到外经贸部工作近40年,退休时是中国驻尼泊尔大使馆经济商务参赞;他的妻子孙丽娜,是北京市最早一批取得小学英语教师资格的老师。夫妇俩在坦桑尼亚、尼泊尔、加拿大等国家生活了17年。退休后,两人选择回贵州山区支教。从2005年8月开始,夫妇俩"走教"的足迹遍布望谟县复兴镇第二小学、兴义县马岭镇尖山苗寨小学、花溪孟乡世华小学、遵义县龙坪镇裕民小学等地。龙坪镇中心小学是朱敏才夫妇支教的第五所学校。在龙坪镇中心小学,朱敏才夫妇的住所是一间不足10平方米的小屋。他们俩让山村的孩子从普通话都说不好,到会讲英语,会唱英文歌曲,为山里的孩子推开了一扇瞭望外界的窗户。除了给孩子们传授文化知识,朱敏才夫妇还非常重视文明礼貌、个人卫生的教育。因高原过强的紫外线,孙丽娜的右眼完全失明,左眼视力只剩下0.03,朱敏才也有高血糖、高血脂、呼吸暂停综合征等疾病。老两口说只要还能动,就要一直教下去。

小组讨论：

（1）潘其华老师、朱敏才老师和孙丽娜老师为什么能得到人们的肯定和高度赞誉？
___
___
___

（2）同学们应该向潘其华老师、朱敏才老师和孙丽娜老师学习哪些优秀品质？
___
___
___

二、尊师的故事

（一）彭德怀穿便服会见教师

1957年8月1日，是中国人民解放军建军30周年纪念日。这一天，彭德怀身穿便服，准备接见北京市部分中小学教师代表。工作人员提醒他说："彭总，您是国防部长，应穿军服才好。"彭德怀说："今天是去见老师，学生见老师应穿便服。如今有些人受旧思想的影响，瞧不起中小学教师，我们应改变这种不良风气。"接见时，彭德怀频频向老师们问好。

（二）欣赏小品《第一千名学生》

小品《第一千名学生》

心灵感悟：

（1）从小到大很多老师陪伴我们成长，你是怎样尊敬和感恩你的老师的？
___
___
___
___

（2）现实生活中你做出过与尊师相背离的事情吗？今后怎么做？

_____

_____

_____

教师解析：

百年大计，教育为本；教育大计，教师为本。落实立德树人的根本任务，离不开教师的辛勤付出。教师的爱是一种"一日为师，终身为父"的最高尚的爱。教师不仅把学生看作自己的儿女，倾注全部的心血，关注学生的身心健康，还会在合适的时间、合理的场合下及时给孩子们指点方向。教师的爱是"捧着一颗心来，不带半根草去"的一种无私的爱。教师的爱是对学生从不求回报，甚至会舍生忘死去呵护的爱。教师的爱包含母爱且胜于母爱，教师的爱包含父爱且超越父爱，是一种严格要求和精心施教的神圣的爱。无论是国家还是社会、家庭、个人都应尊师重道、感恩教师。

三、"寻医问药"我来诊断

王帅进入技校学习已经一个月了，最近他很苦恼：一是看到班主任又上课又带班还得带学生准备技能大赛非常辛苦，便主动帮老师做些力所能及的事情，但康明、刘帅、王喆总是阴阳怪气地说他是老师的"小跟班"；二是因班主任体型胖、个子矮，康明、刘帅、王喆在背后称呼班主任"冬瓜哥"，王帅多次劝止无效；三是康明、刘帅、王喆等几名学生上课玩手机不听讲，任课老师管教不听，甚至顶撞任课教师，王帅帮忙制止却遭到奚落。

寻医问药：

（1）你如何看待王帅、康明、刘帅、王喆等同学的行为？

_____

_____

_____

（2）如果你是王帅，你该怎么做？

_____

_____

_____

（3）学生应该怎样对待老师？

_____

_____

_____

任务四　拓展训练营

任务目标

通过拓展训练，巩固知识，再次激发尊师敬长之情，把尊师之情化为敬师之事并落实到行动中。

一、拓展训练一："我来讲故事"

1. 看一看：观看电影《云上学堂》，了解人物原型"感动中国人物"悬崖小学教师李桂林、陆建芬的故事，谈心得体会。

电影《云上课堂》片段

悬崖小学教师——李桂林、陆建芬

2. 讲一讲：每人准备一个古今的尊师故事，通过小组选拔，每小组推荐一名同学参加班级故事会讲演。

二、拓展训练二："我来诵经典"

每人找一篇关于尊敬师长的古文、诗词或文章,通过小组选拔,每小组推荐一名同学参加班级诵读比赛。

三、拓展训练三："我来谈感受"

结合自身实际,写一篇关于本单元的学习心得,题目自拟。

四、拓展训练四:"我来做一做"

根据自己的实际情况,把自己尊敬师长的典型事件登记在品行积分卡上。

品行积分卡

系部:　　　　　　班级:　　　　　　班主任:　　　　　　　　　年　月　日

姓名		性别		年龄		职务	
家庭地址				联系电话			
善事行为积分情况							
序号	善事行为摘要			积分	核实人		备注
1							
2							
3							
4							
5							
6							
7							
8							
9							
10							
合计							

第四单元 悌

悌者,敬也。是兄弟姊妹之间的友爱,相互帮助。扩而广之,对待朋友也要有兄弟姊妹之情,这样人和人之间才能相互谦让,消除矛盾,达到孝悌之目的。

单元导读

孝悌是中华民族传统美德,有着数千年的文化传承。孔子认为孝悌是做人、做学问的根本。悌,不仅包含兄弟姐妹的友爱,也包括朋友之间的友爱、同事之间的尊重与和睦相处,悌是孝的重要组成部分,也是社会主义精神文明建设的重要组成部分。当今弘扬"悌"道,在家庭和睦、社会和谐、国家团结等方面有着重要的现实意义。

任务一　"悌"感知

任务目标

了解"悌"是中华民族的传统美德,是中华传统文化的瑰宝;理解"悌"的内涵及现实意义;掌握悌道方法;提高自觉践行悌道的能力、分析解决问题的能力以及团队协作能力。自觉培养与人为善、包容之心、互相友爱和感恩之心,并内化于心,外化于行。

案例链接

一、孔融让梨

东汉时期,有个名叫孔融的孩子,十分聪明,也非常懂事。孔融还有五个哥哥、一个弟弟,兄弟七人相处得十分融洽。

有一天,孔融的妈妈买来许多梨,一盘梨放在桌子上,哥哥们让孔融和最小的弟弟先拿。

孔融看了看盘子中的梨,发现梨子有大有小。他不挑好的,不拣大的,只拿了一个最小的梨。爸爸看见孔融的行为,心里很高兴,心想:别看这孩子刚刚4岁,却懂得把好东西留给别人的道理。于是他故意问孔融:"盘子里这么多梨,又让你先拿,你为什么不拿大的，只拿一个最小的呢？"

孔融回答说："我年纪小，应该拿最小的，大的应该留给哥哥吃。"

爸爸接着问道："你弟弟不是比你还要小吗？照你这么说，他应该拿最小的一个才对呀？"

孔融说："我比弟弟大，我是哥哥，我应该把大的留给小弟弟吃。"

爸爸听他这么说，哈哈大笑道："好孩子，好孩子，你真是一个好孩子，以后一定会很有出息。"

二、背着姐姐去上学

2017年10月13日晚，"寻找最美孝心少年"大型公益活动颁奖典礼在中央电视台一号演播厅举行，贵州省毕节市七星关区阿市乡的15岁少年王泽盼荣获全国2017年"最美孝心少年"荣誉称号。

背着姐姐去上学

王泽盼的姐姐王娅梅患有先天性残疾，背驼不能走路，15岁的她身高不到1.2米。王娅梅出生后，父母变卖了家里值钱的东西，带着女儿四处求医，但病情不见好转。从此，王娅梅离不开背带，连上厕所都要人背。屋漏偏逢连阴雨，灾难再次降临在这个不幸的家庭。王娅梅8岁那年，父亲帮人接电线时，触电意外身亡。从此，家里失去了顶梁柱。原本贫困的生活更是雪上加霜，生活的重担全部压在母亲朱明凤一个人的肩上。看着母亲含辛茹苦，当时年仅6岁的王泽盼毅然接过母亲的背带，肩负起照顾姐姐的重任。母亲上山干活时，王泽盼就在家里做饭，照顾姐姐，陪伴姐姐玩耍。

从10岁开始，王泽盼每天背着姐姐步行近2公里的山路去上学，这一背就是4年。不论刮风下雨、严寒酷暑，王泽盼每天要背着30多斤重的姐姐，手里提着两个书包，在弯弯曲曲的山路上一走就是一个多小时，一天来回四趟。在王泽盼心中，帮助姐姐圆梦读书的路还很长，"只要姐姐想读书，我就一直背着她"。

小组讨论：

（1）读完孔融让梨的故事你有何感想？
___
___
___
___

（2）王泽盼背着姐姐上学，表现出一种什么情怀？
___
___
___
___

知 识 链 接

一、"悌"的内涵

悌，《说文解字》的解释是："悌，善兄弟也。"指兄弟间彼此关心爱护，后来逐渐演变为指兄弟姐妹之间的友爱。悌是中华传统道德文化体系中的重要内容，是中国精神文明建设的重要内容，也是社会主义核心价值观的重要内容。

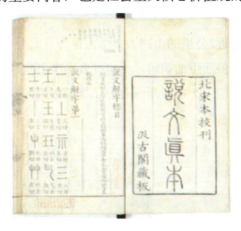

二、"悌"道教育的现实意义

孝悌之道被儒家看作中华民族道德精神——"仁"之根本，是中国传统文化的核心，在中国历史发展的长河中发挥着重要作用。现今去其糟粕取其精华，其积极作用表现为：有利于人与人之间的团结友爱，有利于家庭的安定和睦，有利于社会的和谐发展，有利于国家的长治久安。在中等职业学校中开展悌道教育，将其精华内化为学生的自觉行动，对于实现孝亲尊师、加强同学之间的关系、实现立德树人的教育目标具有重要的现实意义。

（一）加强悌道教育是实现孝亲尊师的重要保证

当代学生在家庭中多为独生子女，即使有兄弟姐妹也普遍存在唯我独尊的利己思想，接受"悌道"教育有助于学生理解"悌"的内涵并内化为实际行动，兄弟姐妹之间互相礼让、互相帮助，和睦相处，父母就会少为儿女操心，也就是尽了最大的孝道。同学之间友好相处，相互关爱，互相促进，老师就会少操心，也就是实现了尊师敬长。所以接受"悌道"教育是实现孝亲尊师的重要保障。

（二）感受"悌道"文化，接受"悌道"教育，有助于培养我们团结友爱、互利合作的精神

身为独生子女的我们，没有同胞兄弟姐妹共同生活的经验，容易形成感情的"自我中心"，容易养成不善于团结，不善于同情，不善于竞争，不善解人意，缺少协作，不尊重人，缺少助人为乐的品质和行为；即使是非独生子女也存在利己思想。另外，我们缺乏在同龄人相处过程中的逆境锻炼，一旦有矛盾时，便一切"以我为中心"不顾后果，不顾及他人感受，甚至走上违法犯罪的道路。接受"悌道"教育，有助于培养同学之间的相处之道，培养团结友爱、互利合作、积极向上的精神，养成健康心理。

（三）感受"悌道"文化，接受"悌道"教育，有助于提高我们人际交往和适应社会的能力

在我们之间，学习"悌道"文化，接受"悌道"教育，可以使大家在校期间学会与同学、老师的相处，学会处理各种人际关系的方式、方法并加以实践，有助于提高我们人际交往和适应社会的能力，为今后步入社会、适应社会奠定坚实的基础。

（四）感受"悌道"文化，接受"悌道"教育，有助于增强民族团结和社会担当的意识

感受"悌道"文化，接受"悌道"教育，可以帮助我们深刻理解"悌"的内涵和外延，理解"悌"不仅倡导兄弟姐妹之间相互关爱、同学之间相互关爱，将来参加工作之后同事之间也应和睦相处。我国是拥有五十六个民族的大家庭，民族团结是国泰民安、繁荣富强的基础。社会中的每个人都少些利己思想、多些利他观念，和睦相处，互相关爱，我们的社会就会和谐文明，我们的民族、国家就会辉煌强大。

三、"我该怎么做"

（一）在家庭中要兄友弟恭、敬姐爱妹

兄弟姐妹如手足，是除了父母之外最亲的人。兄弟姐妹彼此之间应该相互关心、相互帮助，相互包容，弟弟妹妹要尊重恭敬哥哥姐姐，哥哥姐姐也要关心爱护弟弟妹妹。在利益面前要学会谦让，在困难面前要学会担当，在分歧面前要学会沟通理解。兄弟姐妹之间的情意好比手指与拳头的关系，分开时各有其用，合在一起是一种无穷的力量。兄弟和睦、家庭和美是父母对我们最大的愿望，这其实就是在尽孝道。

（二）在学校要友爱同学、和谐相处

同学之间的感情是除家人之外无利益之扰的最纯洁的感情，同学之间应亲如兄弟姐妹，彼此珍惜，相互关爱，和谐共处。

1. 用友爱去播种。同学的情谊是以友爱为基础的，要想获得和谐的同学关系，我们就不能以同学先爱自己为前提，应该用爱去换取爱，用信任去换取信任。

2. 用真诚去催发。真诚，要求人们襟怀坦白，既不隐瞒自己的缺点、弱点，又要发挥自己的优点、长处。真诚，还要求人们真心实意，没有假意，诚恳待人，真心相处，既不掩饰同学的缺点、弱点，也不嫉妒同学的优点、长处，该批评的就批评，该鼓励的就鼓励。真诚，也要同学们尽心竭力，急同学之所急，帮同学之所需。

3. 用热情去灌溉。人们常说，同学之情给人以温暖，而温暖通常充盈在热情的气氛中。"千里送鹅毛，礼轻情义重""良言入耳三冬暖，恶语伤人六月寒"等谚语，都说明了这个道理。热情是滋润同学友谊的甘露，为人热情是赢得同学友情的关键。

4. 用谅解去维护。良好的同学关系的保持、巩固和发展，离不开谅解。有时同学可能不问青红皂白，没头没脑地说你几句；有时还可能一时傲慢，对你不恭不敬；甚至可能一时失言，挖苦了你，冒犯了你；有时可能误解了你，使你蒙受委屈……这时良好的同学

关系的维系就需要包容和谅解。相反，斤斤计较对方的态度，就会使同学关系出现裂痕，导致不和谐。

5. 用进取去激励。互帮互学、共同进步是处理好同学关系的关键。同学在一起，要相互学习、取长补短，在思想、学习、生活和工作等方面不断相互激励，共同进步。

（三）在社会上要与人为善、和谐共处。

人际交流与合作既是人类存在的基础，也是人类发展的需要，是现代人事业成功、生活幸福的基本保证。在社会上，无论是与同学、朋友相处，还是将来工作中与同事、领导相处，都要与人为善、和谐共处，学会自我控制，注意沟通技巧，建立良好的人际关系，促进社会的和谐发展，共同为民族团结和实现中华民族伟大复兴的中国梦贡献自己的力量。

活动天地

一、认识自己：欣赏歌曲《相亲相爱一家人》

（1）写一写自己在悌道方面的优良表现。
_____
_____

歌曲《相亲相爱一家人》

（2）说一说自己今后在悌道方面将进行哪些改进。
_____
_____
_____

二、情感体验：跨越血缘的姐弟亲情

2015年9月20日的中央电视台《焦点访谈》第一部分介绍了新疆生产建设兵团职工尤良英，她热心帮助维吾尔族农民麦麦提图如普，两人结下了姐弟般的深情，树立了民族团结的榜样。第二部分介绍了国务院新闻办公室发布的《民族区域自治在西藏的成功实践》白皮书，白皮书全面介绍了我国民族区域自治制度实施以来西藏发生的巨大变化，取得的重要成就。

跨越血缘的姐弟亲情

小组讨论：

（1）你从尤良英和麦麦提图如普之间超越血缘的姐弟亲情故事中学到了什么？

（2）西藏迅速发展的原因是什么？我国为什么实行民族区域自治制度？

任务二　解读经典

  任务目标

通过解读经典了解孝悌之道是儒家思想的核心内容，是中华民族的传统美德，在中华民族文化发展中发挥着重要作用。

  古文解读

一、《孟子·梁惠王上》节选

【原文】

梁惠王曰："晋国，天下莫强焉，叟之所知也。及寡人之身，东败于齐，长子死焉；

西丧地于秦七百里；南辱于楚。寡人耻之，愿比死者一洒之，如之何则可？"

孟子对曰："地方百里而可以王。王如施仁政于民，省刑罚，薄税敛，深耕易耨，壮者以暇日修其孝悌忠信，入以事其父兄，出以事其长上，可使制梃以挞秦楚之坚甲利兵矣。"

【译文】

梁惠王说："我们魏国，以前天下没有哪个国家比它更强大的了，这是老先生您所知道的。可是传到我手中，东边败给了齐国，我的长子也牺牲了；西边又丢失给秦国七百里地方；南边被楚国欺侮，吃了败仗。对此我深感耻辱，想要为死难者洗恨雪耻，怎么办才好呢？"

孟子回答道："百里见方的小国也能够取得天下。大王如果对百姓施行仁政，少用刑罚，减轻赋税，提倡深耕细作、勤除杂草，让年轻人在耕种之余学习孝亲、敬兄、忠诚、守信的道理，在家侍奉父兄，在外敬重尊长，这样，可以让他们拿起木棍打赢盔甲坚硬、刀枪锐利的秦楚两国的军队了。"

【解读】

孟子是著名的思想家、政治家、教育家，孔子学说的继承者，儒家的重要代表人物。该作品主要表述孟子劝解梁惠王做一个仁君的故事。他反对暴力统一，倡导治国要实施仁政，仁政的核心是孝悌，孝悌是治国安邦之道。

二、《论语·学而》节选

有子曰："其为人也孝悌，而好犯上者鲜矣。不好犯上，而好作乱者，未之有也。君子务本，本立而道生。孝悌也者，其为仁之本欤。"

【译文】

有子说："孝顺父母，顺从兄长，而喜好触犯上层统治者，这样的人是很少见的。不喜好触犯上层统治者，而喜好造反的人是没有的。君子专心致力于根本的事务，根本建立了，治国做人的原则也就有了。孝顺父母、顺从兄长，这就是仁的根本啊！"

【解读】

有若认为，人们如果能够在家中对父母尽孝，对兄长顺服，那么他在外就可以对国家尽忠，忠是以孝悌为前提，孝悌以忠为目的。儒家认为，在家中实行了孝悌，统治者内部就不会发生"犯上作乱"的事情；再把孝悌推广到民众中去，民众也会绝对服从，而不会起来造反，这样就可以维护国家和社会的安定。去其糟粕取其精华，孝悌在维护社会安定方面具有重要作用。

三、《弟子规》节选"出则悌"

【原文】

兄道友	弟道恭	兄弟睦	孝在中	财物轻	怨何生	言语忍	忿自泯
或饮食	或坐走	长者先	幼者后	长呼人	即代叫	人不在	己即到
称尊长	勿呼名	对尊长	勿见能	路遇长	疾趋揖	长无言	退恭立
骑下马	乘下车	过犹待	百步余	长者立	幼勿坐	长者坐	命乃坐
尊长前	声要低	低不闻	却非宜	进必趋	退必迟	问起对	视勿移
事诸父	如事父	事诸兄	如事兄				

【译文】

做哥哥的要爱护弟弟，做弟弟的要尊重哥哥。兄弟之间和睦相处，这其中包含了孝道。把财物看轻些，兄弟之间就不会产生怨恨；言语上互相忍让，愤恨自然就消除了。对待长辈应懂得礼让，无论是吃饭，还是坐立行走，都应该年长的人在先，年幼的人在后。长辈呼唤人时，你听到后应马上帮他呼唤。如果长辈要找的人不在，你应该立刻代他听命。称呼尊长时，不能直接叫他们的名字。在长辈面前，不要夸耀自己的才能。路上遇见长辈，应上前问候。长辈没有事时，就先退在一旁，恭敬地站着。自己骑马时遇到长辈就要下马，乘车时就要下车，等长辈百步以后，我们才能离开。当长辈站着时，年幼的我们不应先坐下来；长辈坐下，允许我们坐下时才可以坐下来。在长辈面前说话声音要低，但不能低到听不清楚。觐见长辈，要快步上前，慢慢退出。长辈问话，要站起来回答，眼睛注视长辈，对待父辈的亲友，要像对待自己的父亲一样恭敬；对待兄长辈的亲友，要像对待亲兄长一样尊敬。

【解读】

《弟子规》"出则悌"主要说的是家中兄弟相处之道，以及如何和长辈相处的规矩。以这些规范训练孩子谦恭有礼，懂得尊重别人，孩子自然就容易融入团体，为大家所接纳。

 小 故 事

一、张良学道

张良，字子房，"汉初三杰"之一，秦朝末年同韩信、萧何等人辅佐刘邦成就大业，建立汉朝。张良小时候贪玩，不爱学习，有一次大雪天到圯桥边去玩，碰见一位头上戴着黑头巾、穿黄色道袍的老人。因为雪大风急，老人家一不小心，把鞋子掉落到桥下去了。老人见到迎面走来的张良，说："小孩，去，帮我把鞋子捡上来。"张良本来不耐烦他说话的口气，但见是个老人，不好发作，便走到桥下，捡了鞋子，用双手递给老者。老人也不言语，只把脚伸出来。张良很是郁闷，仍然恭敬地帮他穿上鞋子。老人家这才开怀大笑起来，说："这个孩子值得教啊。你明天一早到这里来，我有东西教给你。"

张良心里有些不以为然，觉得老人是在同他说笑。可是到了晚上，他想了想，也许老人会在桥上等他呢。于是天刚亮他就穿好衣服爬起来往外走。等到桥头的时候，天还没大亮，张良果然见到老人在桥上等他。老人很不高兴地说:"我们约定是一早见面,你一个晚辈,比我这老头子到得还晚,我可不能把道传给你。你五天后再来吧。"说完气呼呼地走了。

张良立在原地,很是羞愧,他决心五天后一定要来得早些。结果,等他到了桥上,老人又站在那里了。老人依旧嫌张良来得太晚,让他过五天再来,说完不高兴地走掉了。五天后的凌晨三四点钟,张良就到桥上等候了,这一次,他比老人先到,张良等了一个时辰,老人迤迤然现身了,看到张良等在那里,很是高兴,便从袖中拿出一卷书递给他,说:"读这本书可以当帝王的老师。如果你还想让我教你其他东西,就到山东谷城山下的黄石来找我。"张良恭恭敬敬地接过书,看到老人一阵青烟腾空而去。张良拿着书日夜攻读,终于知晓世事,通古今之变,文韬武略尽皆在胸。

后来张良辅佐刘邦最终战胜项羽,得了天下。

二、卜式牧羊

卜式是西汉时期著名的贤士,他家有两兄弟。他对自己的弟弟很好,照顾得很周到。父母去世后,兄弟两人分家,卜式把家中的财产都让给了弟弟,自己只要了100多头羊。十几年过去了,卜式的羊群繁殖到了上千头,他买了房屋,置办了土地。这时弟弟却因经营不善而破产了,于是卜式毫不犹豫地把自己的财产分了一半给弟弟。卜式的行为感动了弟弟和所有的人,大家都说他是个重亲情、不爱财的君子。

三、张苍代人行孝

张苍是汉朝的丞相,他是一个非常尊敬长辈的人,在他年轻的时候,曾经得到过王陵的许多照顾。后来张苍当官后,为了感谢王陵,常常像对待父亲一样照顾他。王陵死后,他的老母还健在。虽然当

时张苍已是丞相,公务很忙,但总是抽空去照顾王陵的母亲,甚至亲自伺候王母吃饭。张苍贵为丞相,能这样谨慎地照顾长辈,足见中华民族尊老美德的源远流长。

任务三　感悟体验与辨识

任务目标

通过观看视频学习先辈的悌道之举,自觉转化为实际行动,在家关爱兄弟姐妹,在校关爱同学,工作中与同事和睦相处,与朋友真心相交,于国家要自觉维护民族团结、国家统一;通过诊断身边案例,提高辨别是非的能力,培养自己正确的世界观、人生观和价值观。

一、古代悌道故事

(一)司马光恭敬兄长

司马光一生孝顺父母、关爱兄弟、忠于朝廷。他地位显赫、德高望重,人们除了对他的高尚品德倍加赞赏之外,还对他真诚关爱兄弟的情怀倍加推崇,成为流传千古的佳话。

司马光的哥哥,字伯康,名旦,兄弟两人的感情特别好。当司马光退居在洛阳的时候,每次返乡探亲,总会探望兄长,他对哥哥既敬重又关怀。

当时伯康已80岁了,而司马光也年龄不小,但司马光侍奉兄长就如同侍奉父亲一样尽心尽力。伯康体质羸弱、消化不佳,需少量多餐,故照顾颇为费神。所以每当吃完饭不久,司马光总会关切地问哥哥:"您饿了吗?要不要再吃点东西?"就如同照顾婴儿般地无微不至。

当季节交替时,天气极不稳定,老人最怕的是着凉。所以天气稍稍转凉,司马光就常常轻轻抚着兄长的背,关切地问道:"衣服会不会太薄?会不会冷?"日日嘘寒问暖,兄弟间的情义自然地流露,这是何等温馨感人!

司马光与兄长的手足之情一直是古今美谈。他的品德、学识、涵养都无懈可击,他的孝顺、友爱、忠诚都出自天性,是我们后人的表率。

(三）三个和尚

山上有座小庙，庙里有个小和尚。他每天挑水、念经、敲木鱼，给观音菩萨案桌上的净水瓶添水，夜里不让老鼠来偷东西，生活过得安稳自在。不久，来了个高和尚。他一到庙里，就把半缸水喝光了。小和尚叫他去挑水，高和尚心想一个人去挑水太吃亏了，便要小和尚和他一起去抬水，两个人只能抬一只水桶，而且水桶必须放在扁担的中央，两人才心安理得。这样总算还有水喝。后来，又来了个胖和尚。他也想喝水，但缸里没水。小和尚和高和尚叫他自己去挑，胖和尚挑来一担水，立刻独自喝光了。从此谁也不挑水，三个和尚就没水喝。大家各念各的经，各敲各的木鱼，观音菩萨面前的净水瓶也没人添水，花草枯萎了。夜里老鼠出来偷东西，谁也不管。结果老鼠猖獗，打翻烛台，燃起大火。三个和尚这才一起奋力救火，大火扑灭了，他们也觉醒了。从此三个和尚齐心协力，水自然就有了。

心灵感悟：

（1）司马光是怎么恭兄敬长的？

（2）三个和尚为什么没水吃？

（3）上述两个故事给大家什么启示？

二、今人之博爱

（一）心理游戏

1．准备活动：身体坐直，靠近椅子背，坐稳，然后做三次深呼吸，再从头、颈、肩、胸慢慢放松，使身体轻松，最后达到轻松自然的状态。

2．情感体验：闭上双眼，低下头，静静用心聆听歌曲《我的好兄弟》

歌曲《我的好兄弟》

（1）听到这首歌的歌词时，你心中有什么感受？你的脑海中出现了哪些情景？

_____
_____
_____

（2）说一说这首歌表达了怎样的情感？

_____
_____
_____

（二）欣赏电影《我的兄弟姐妹》

电影《我的兄弟姐妹》片段

小组讨论：

根据《我的兄弟姐妹》的内容，从传统文化孝道和悌道的角度回答下列问题：

（1）当爸爸陷入人生逆境被迫劳动改造的窘状被大儿子齐忆苦、大女儿齐思甜偶然发现时，两人做了什么？爸爸又是如何做的？双方的行为体现了哪些文化思想和精神？

_____
_____
_____

（2）父母在世时，虽然家庭经济条件很差，但兄弟姐妹们相处得如何？当哥哥齐忆苦犯错被爸爸惩罚时，妹妹齐思甜做了什么？当爸妈知道齐思甜的行为时为什么没有批评她？

_____
_____
_____

（3）当妈妈病倒后孩子们是如何做的？面对病床上的妈妈孩子们是怎么表现的？

_____
_____
_____

（4）当最小的妹妹齐妙生病住院时，哥哥姐姐们都做了什么？他们为什么要这样做？

_____
_____
_____

（5）当父母意外遇难后，哥哥齐忆苦为什么要把弟弟妹妹都送人抚养而自己却流浪在外？在送走最后一个妹妹后为什么在冰天雪地狂跑大哭？在失联多年后，又为什么历经磨难寻找弟弟妹妹们？

_____
_____
_____

（6）齐思甜回国后为了寻找失联20多年的哥哥和弟弟妹妹们，都做了哪些工作？

_____
_____
_____

（7）现在你是如何理解"兄弟姐妹是从天上飘下来的雪花，落到地上化成水，便也再分不开了"这句话的？

_____
_____
_____

教师解析：

正如电影中所说"兄弟姐妹是从天上飘下来的雪花，落到地上化成水，便再也分不开了"，兄弟姐妹血浓于水，手足情深，可以有福同享，亦可有难同当。家犹如一株小树，只有每个家人无时无刻地施以理解、包容、宽恕、谦让、关爱，家这棵小树才会茁壮成长，终成参天大树。温馨和睦、爱意满满的家庭、团队、民族、国家需要我们每一个人用心珍惜、用爱维护。

三、"寻医问药"我来诊断

校园内经常发生小事引发的同学之间的矛盾冲突，有的甚至引发恶性群殴事件，校园欺凌事件也时有发生。针对这种现象请你从孝悌的角度谈谈你的看法。

_____
_____
_____
_____
_____
_____

任务四　拓展训练营

任务目标

通过拓展训练，巩固知识，激发情感，把孝亲敬长、关爱兄弟姐妹、团结同学、善待同事、维护民族团结的孝悌之道落实到自觉行动中。

一、拓展训练一："我来讲故事"

1. 看一看：观看微电影《兄弟》回答问题。

微电影《兄弟》片段

（1）明知道是错的，还帮着隐瞒事实真相，是"兄弟之情"吗？为什么？
_____
_____
_____
_____

（2）你是如何看待"兄弟之情"的？
_____
_____
_____
_____

（3）如果你是视频中的任警官，你会怎么做？
_____
_____
_____

2．讲一讲：每人准备一个古今的悌道故事，通过小组选拔，每小组推荐一名同学参加班级故事会讲演。

二、拓展训练二："我来诵经典"

每人找一篇关于悌道的古文、诗词或文章，通过小组内选拔，每小组推荐一名同学参加班级诵读比赛。

三、拓展训练三："我来谈感受"

结合自身实际，写一篇关于本单元的学习心得，题目自拟。

四、拓展训练四:"我来做一做"

根据自己的实际情况,把自己关于悌道方面的优秀表现登记在品行积分卡上。

品行积分卡

系部:　　　　　　班级:　　　　　　班主任:　　　　　　　　年　月　日

姓名		性别		年龄		职务	
家庭地址				联系电话			
善事行为积分情况								
序号	善事行为摘要			积分		核实人	备注	
1							
2							
3							
4							
5							
6							
7							
8							
9							
10							
合计							

第五单元
谨

单元导读

"谨"即"谨言慎行",自古以来被称之为君子之道,既是中华民族的传统美德,也是一个人修身养性的重要内容。"谨"是为人处世之道,精通这门学问就能立足于社会,反之就会给自己的人生道路设置障碍,阻碍人生的发展。

任务一 "谨"感知

任务目标

了解谨的内涵,理解谨的基本要求是谨言慎行。知晓为人处世之道,提高自制能力,养成良好行为习惯。提高谨言慎行的能力和分析问题解决问题的能力,自觉树立担当意识与责任感,自觉维护国家和民族的尊严。

案例链接

一、"一屋不扫何以扫天下"

东汉时期有一个叫陈藩的人,出生在汝南平舆也就是在今天河南平舆北一带。陈藩祖上是河东太守,他自己从小就立下大志向,将来要济世救人、名动天下。15岁那年,陈藩为了刻苦攻读,独自住在城内的一所房子里。

一次,他父亲的朋友薛勤因为同住一个城市里,过来看望他。刚走进院子里,薛勤就吓坏了,只见满院的杂草落叶,混着各种垃圾,院子里散发出阵阵难闻的气味。薛勤见到这种情况,忍不住劝陈藩说:"你这个孩子,听说有客人来,怎么不打扫院子布置好等客人到?"陈藩握着一卷书,满不在乎地说:"我是顶天立地的大丈夫,以后是要扫除天下的,怎么能够让我来打扫这小小的屋子呢?"薛勤见陈藩这样说,当即反问他:"连一个院子你都不能打扫,将来怎么去扫除天下呢?"陈藩听了无言以对,心生惭愧,默默地拿起扫把清扫起院子来。后来陈藩被举为孝廉,出仕为官。他清正廉洁,所到之处,民众和官员都十分敬重他,他治理的地方也都太平无事。

二、"沙漠愚公"苏和

　　一张皱纹如刀刻的黝黑面孔,一头杂乱但倔强的如雪白发,一双满是伤痕的粗糙大手,在阿拉善盟额济纳旗漫无边际的大漠中耕耘。他是一位正厅级退休老干部,10年来和老伴在渺无人烟的沙漠安家造林,让昔日满眼黄沙的不毛之地,变成一眼望不到头的梭梭林,这就是现代版的愚公故事。

沙漠愚公——
苏和

　　无论是"时代楷模""大漠胡杨""沙漠愚公",还是内蒙古自治区阿拉善盟政协原主席,都是指这位执着朴实的古稀老人。他满头白发,皮肤粗黑,双手布满老茧,与普通农牧民没什么两样,可就是这位老人,克服许多难以想象的困难,坚持植树造林,为当地的生态文明建设做出了突出贡献。10年坚守,种下9万株梭梭苗,治理沙漠3 500亩①,建起了一道宽500米、长3千米的生态屏障。10年前,苏和开始用水车拉水种植梭梭绿化沙漠。10年间,为了种梭梭,苏和先后在沙漠上打了8眼井用于浇灌,他和老伴亲手种的梭梭林也一点点扩大,达到了3 000亩,成为阿拉善盟面积最大的人工梭梭林之一。3 000亩梭梭林,日常维护要花去极大的精力。春秋,三天两场风,出门一趟,全身满是沙尘;夏天沙漠中酷热,冬天天寒地冻,但老两口却习以为常。大漠中,苏和移动的背影和摇晃的树影合奏着动人的绿色交响曲。

小组讨论:

(1)"一屋不扫何以扫天下"的故事给同学们什么启示?

_____
_____
_____

---

① 1亩=666.67平方米。

（2）同学们应从苏和老人身上学习什么优秀品质？是什么信念支撑他10年坚守荒漠？

_____

_____

（3）同学们应从材料中的古今两个人物身上学习什么精神？

_____

_____

知 识 链 接

一、"谨"的内涵

"谨"是道德修养的重要内容。谨言慎行，出自《礼记·缁衣》，指言语行动小心谨慎。《弟子规》中"谨"有四层意思：珍惜光阴，即时努力；衣食有居，修身养性；恭敬有礼，谨言慎行；不畏困难，从容应对。"谨"为处世之道，君子之举。

二、"谨"的现实意义

"谨"是中华民族的传统美德，是公民的基本道德修养，也是社会主义核心价值观的重要内容。"谨"在国家、社会、个人的发展中发挥着重要作用。然而中等职业学校学生因缺乏"谨"的态度而存在各种不良行为：迟到早退，逃学旷课；不讲卫生，宿舍内务脏乱差，自理能力弱；吸烟饮酒，打架斗殴，置校规校纪于不顾；说脏话，文明礼仪缺失；抗挫能力差，遇到困难就一蹶不振。加强"谨"的教育有以下几方面作用。

任务一 "谨"感知

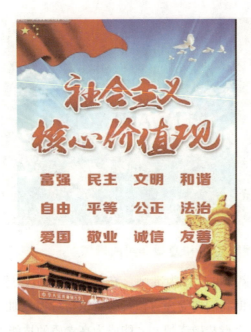

（一）有利于塑造良好的个人形象

感受"谨"的文化，接受"谨"的教育，有利于规范我们的言行举止，养成惜时、守纪、严谨、有礼、奋发向上的道德意识及行为习惯，全面提升自身的道德修养，塑造良好的个人形象，为毕业后适应于社会、立足于社会奠定坚实的基础。

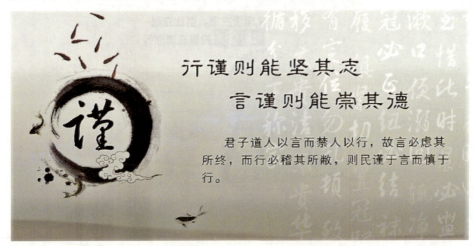

（二）有利于促进人际关系和谐，从而促进社会和谐

晋朝的傅玄曾在《口铭》中告诫世人："病从口入，祸从口出。"语言是一门艺术，同样的一件事情，不同的人会有不同的说法，也会导致截然不同的结果。我们通过"谨"的学习，学会沟通技巧，学会理解与尊重，做到谨言慎行，不仅加强了人与人之间的沟通与交流，还为建立文明和谐的社会人际关系奠定坚实的基础。

（三）有利于养成规则意识和遵规守纪的习惯

"谨"既是道德要求，也是行为准则，在我们群体中，感受"谨"的文化，接受"谨"的教育，有利于帮助我们树立谨言慎行的意识与行为习惯，培养规则意识，并且尊重规则、在规则内行事，言行恭敬谨慎，才能成为高素质的技能人才，承担起社会责任和历史使命。

（四）有利于培养艰苦奋斗的精神和爱国主义情感

感受"谨"的文化，接受"谨"的教育，有利于自觉树立敢于面对困难、战胜困难的决心与信心，艰苦奋斗、自强不息，为取得学业和事业成功奠定坚实的思想基础；有利于培养艰苦奋斗的精神，自觉树立修身、齐家、治国、平天下的家国情怀，自觉维护民族尊严和国家形象。

三、"我"该怎么做

（一）从"小事"做起，加强自身道德修养，养成良好的行为习惯

1．规范衣着打扮。企业一般对员工的仪容仪表都有统一的规范和要求，如果我们在学校已养成规范着装的习惯，就能很好地适应企业的要求。

2．遵守作息时间。遵守学校的作息时间，按时上课、下课、放学、返校，为更好地适应企业规章制度做好准备。在学校，上课迟到早退，甚至旷课，可能只需跟老师说明理由就可以，但在企业，可能会因为我们的不守时，给企业带来巨大的经济损失或声誉损失，也可能会使我们失去工作。

3．言谈举止文明。在生活中要养成使用文明用语的习惯，与人见面问声好，请人帮忙道声谢，切忌粗话脏话。良好的言谈举止是企业对员工的基本要求，如果我们能在学校里做到言谈举止文明，到企业后也会自觉遵守。

4．乐于助人无私奉献。在学校中，主动关心帮助同学，营造团结互助、相互关心的班级氛围，有利于将来尽快适应企业团结协作、互帮互助的要求。

5．掌握专业技能规范。要认真学习专业技能规范与技能要求，形成安全意识、法制意识，一切操作都严格按照要求进行，即使是最小的细节也不能忽视。

（二）遵守礼仪规范，学会自省、自控和自律，拒绝不良行为

1．自觉遵守个人礼仪规范。在仪容仪表方面，要注意整洁，养成良好的卫生习惯；在言谈方面，要做到礼貌、诚恳、亲切，声音大小适宜，语调平和沉稳，提倡使用敬语；

服饰既要自然得体、协调大方，又要遵守约定俗成的规范或原则。

  2. 学会自省、自控和自律，自觉抵制不良诱惑，拒绝不良行为。自省，即通过内心省察，使自己的思想和言行符合道德标准的要求。学生要经常进行自省，时刻保持清醒的头脑，学会慎独，增强自控能力和自律能力，锻炼坚韧顽强的意志，不断提高自己的道德境界，自觉抵制不良风气，做到不吸烟酗酒、打架斗殴、赌博、早恋等。

活动天地

一、自我认知

  1. 自画像：请根据自身实际情况对下面的题目做出"是"或"否"的回答。（"是"记1分，"否"记0分）。

表现行为	得分
1. 上课或开会准时参加，从不迟到。	
2. 夜里不玩手机，早睡早起。	
3. 从不讲粗话、脏话或给老师、同学起绰号。	
4. 经常使用敬语。	
5. 自觉遵守校规校纪。	
6. 衣着整洁，符合规范。	
7. 个人卫生、集体卫生符合要求并能做出榜样示范。	
8. 从不挑食，饮食健康。	
9. 从不吸烟酗酒。	
10. 坐立行走符合礼仪标准。	
11. 举止端庄得体。	
12. 做事小心谨慎，顾全大局。	
13. 学习刻苦努力，不惧困难。	
14. 听课认真。	
15. 遇到不会的问题，主动向老师、同学请教，绝不抄袭作业。	
16. 择良友而交，远离是非之地。	
17. 懂得开门礼仪并认真践行。	
18. 从不爱慕虚荣与同学攀比穿着打扮。	
19. 勤俭节约，从不向父母撒谎要钱。	
20. 借东西好借好还，从不把他人之物据为己有。	
总分	

2. 自我总结：

你在谨言慎行方面还存在问题吗？今后你将准备如何改掉自己的不良行为？

二、情感体验：张瑞敏怒砸冰箱

1985年，张瑞敏刚到青岛电冰箱总厂（海尔前身），一天，一位朋友要买一台冰箱，结果挑了很多台都有毛病，最后勉强拉走一台。朋友走后，张瑞敏派人把库房里的400多台冰箱全部检查了一遍，发现共有76台存在各种各样的缺陷。张瑞敏把职工们叫到车间，问大家怎么办？多数人提出，也不影响使用，便宜点儿处理给职工算了。当时一台冰箱的价格800多元，相当于一名职工两年的收入。张瑞敏说："我要是允许把这76台冰箱卖了，就等于允许你们明天再生产760台这样的冰箱。"他宣布，这些冰箱要全部砸掉，谁干的谁来砸，并抡起大锤亲手砸了第一锤！很多职工砸冰箱时流下了眼泪。然后，张瑞敏告诉大家——有缺陷的产品就是废品。3年以后，海尔人获得了中国冰箱行业的第一枚国家质量金奖。

张瑞敏砸冰箱

思考：

（1）你怎样看待张瑞敏怒砸冰箱的行为？

（2）为什么海尔人能获得中国冰箱行业的第一枚国家质量金奖？

（3）你认为在学习和工作中应学习张瑞敏哪些精神？

_____
_____

任务二　解读经典

  任务目标

通过解读经典，了解"谨"是中华民族的传统美德，理解"谨"的内涵，感知"谨"在中华民族文化发展史中的重要意义。

  古文解读

一、《淮南子·人间训》节选

【原文】

圣人敬小慎微，动不失时，百射重戒，祸乃不滋。

【译文】

圣人用谨慎的态度处理细小的问题，不轻举妄动，对于社会纷繁复杂的现象重重戒防，灾祸就不会产生。

【解读】

古人的观点告诉我们一个道理：无论做什么事情都不可忽视细小的方面，待人处事要非常谨慎小心。

二、《弟子规》节选 "谨"

【原文】

朝起早	夜眠迟	老易至	惜此时	晨必盥	兼漱口	便溺回	辄净手
冠必正	纽必结	袜与履	俱紧切	置冠服	有定位	勿乱顿	致污秽
衣贵洁	不贵华	上循分	下称家	对饮食	勿拣择	食适可	勿过则
年方少	勿饮酒	饮酒醉	最为丑	步从容	立端正	揖深圆	拜恭敬
勿践阈	勿跛倚	勿箕踞	勿摇髀	缓揭帘	勿有声	宽转弯	勿触棱
执虚器	如执盈	入虚室	如有人	事勿忙	忙多错	勿畏难	勿轻略
斗闹场	绝勿近	邪僻事	绝勿问	将入门	问孰存	将上堂	声必扬
人问谁	对以名	吾与我	不分明	用人物	须明求	倘不问	即为偷
借人物	及时还	后有急	借不难				

【译文】

应早起晚睡，光阴易逝，应及时把握，珍惜青春。早上起床必须先洗脸，然后刷牙漱口。大小便以后把手洗干净，养成良好卫生习惯。帽子要戴端正，穿衣服要把纽扣扣好；袜子和鞋子都要穿得平整，鞋带要系紧，这样全身仪容才整齐。回家后，脱下来的帽子和衣服应当放置在固定的位置，不要随手乱丢乱放，以免弄皱弄脏。穿衣服注重的是整洁，不必讲究衣服的昂贵华丽。穿着应考虑自己的身份及场合，更要衡量家庭的经济状况。

日常饮食不挑剔偏食，适可而止，不要过量。年少时不可饮酒，喝醉了丑态毕露，最是丑事。走路时脚步从容不迫，站立的姿势要端正。行礼问候时要恭敬。进门时脚不要踩到门槛，站立时不要斜着身子靠在墙上，坐着时不可以伸长双腿，腿更不可以抖动。进门时揭帘子的动作要轻缓，尽量不发出声响。走路转弯时与物品的边角保持较宽的距离，才不会碰伤了身体。拿空的器具要像拿盛满东西的一样小心谨慎。进到没人的房间里，要像有人在一样，不可随便。

做事不要急忙慌张，匆忙就容易出错，遇到该办的事情不要怕困难而犹豫退缩，也不要轻率随便而应付了事。凡是容易发生争吵打斗的不良场所、是非之地，坚决不接近。对于邪恶怪僻、荒诞不经的事情决不过问。入门之前先问屋内是否有人，不要冒失闯入。将要走进厅堂时，先提高声音，要让厅堂里的人知道。假使屋里的人问你是谁，应说出名字，不要只说"我"，让人无法知道到底是谁。

借用别人的物品，必须事先请求允许。如果没有征得人家的同意，那就相当于偷窃行为。借用他人物品用完了要立刻归还；别人借用你的东西，如果有，一定不要吝啬。

【解读】

《弟子规》"谨"详细列举了日常生活中的一些注意事项，如朝起夜眠、衣冠步履、洒扫应对等，告诫子弟要处处谨严、慎重小心，不可疏忽随便。如此详细的说明，足以表明古人对后代的殷殷嘱咐。"谨"并不是使人束手束脚，而是让人养成良好的生活习惯和严谨的作风。

 小故事

一、司马光的"警枕"

司马光是北宋时期著名的政治家。他从小聪明过人，又十分好学。6岁的时候，父亲就教他认字读书，又时常给他讲一些少年有为、勤奋好学的人的事迹，帮助他树立远大的志向。司马光在父亲的教导和熏陶下，养成了勤奋好学的习惯。一开始读书的时候，司马光觉得书中的话晦涩难懂，弄不明白，往往是同伴们全都背得滚瓜烂熟了，他还记不住。可是他没有气馁，他想：一遍记不住我就记两遍，两遍记不住我就记三遍，直到记住为止。于是司马光更加刻苦攻读，每一篇学过的文章都要背得滚瓜烂熟。不仅如此，背完之后，他还要仔细琢磨，认真思考，做到举一反三。当小伙伴们都在外边玩耍时，他依旧坐在家里看书。不论窗外的欢笑声打闹声多么响亮，他依旧不为所动。司马光整天刻苦读书，白天读得太辛苦了，到了晚上，倒在床上便一觉睡到大天亮。司马光觉得，人生只有短短几十年，晚上的时间都睡过去了，实在太可惜。于是他就想出一个办法：扔掉平时用的松软的枕头，拿一段圆木放在床上，每天晚上枕着圆木睡觉。头枕圆木睡着之后，一不小心头就从木头上滑了下来，人就会惊醒。司马光惊醒后又爬起来继续攻读。就这样，他坚持日夜攻读，渐渐地学问越来越大，学习的劲头越来越足。时间长了，他和圆木枕头有了感情，就亲切地叫它"警枕"。司马光凭借自己的刻苦努力成为北宋著名的政治家、史学家和文学家。他在仁宗、英宗、神宗、哲宗四朝为官，主持编写了《资治通鉴》，流传后世。

二、欲速则不达

一个冬天的傍晚，书生周容打算从小港进入镇海县城，于是吩咐小书童用木板夹好捆扎了一大摞书跟在他后面。两人出发的时候，太阳已经下山，四周人家屋顶上都冒起炊烟。周容估计离县城还有2里路，看见前头有一个摆渡的艄公，于是上前询问："请问您，我这时候还赶得及进城吗？"那艄公仔细打量着周容身后的书童，回答说："如果慢慢走，南城的城门应该还开着；如果急匆匆地赶路，那肯定就等不及城门开了。"周容听了很是生气，以为艄公在戏弄他，于是大步往前走，边走边催促书童赶紧跟上。

书童挑着一担书，本来就走不快，这时又着急赶路，一不小心就跌了一跤，捆书的绳子断了，书散落一地。小书童呜呜哭着，半天没爬起来。等到两人手忙脚乱地把书收拾好重新捆扎起来，南城门早就关了。周容这才领悟到艄公为什么跟他说那样一番话。世间事，许多是因为急躁鲁莽把事情办坏了，所谓"欲速则不达"就是这个道理。

任务三　感悟体验与辨识

通过古人与现代人"谨"的故事，感受"谨"的现实意义，培养谨言慎行的意识，养成良好的日常行为习惯，提高自身道德修养。

古人之"谨"

一、宣子守敬

在春秋时代,赵宣子是晋国的一位大臣。当时晋灵公昏庸无道,赵宣子时常去劝谏晋灵公。晋灵公很不耐烦,就雇了杀手要杀他。杀手叫锄麑,到了赵宣子的门口,看到赵宣子还没有上朝,但是已经穿得整整齐齐在那里休息打盹。锄麑看了以后很感动,心中生出对他的崇敬。心想:连这样一点细微之处都很谨慎、很恭谦的人,一定是国家的栋梁,是国家的主人。假如把他杀了,就对不起国家。但是又觉得自己已经答应了国君,假如没有杀

赵宣子,又失信于国君,所以锄麑当下就撞槐树自杀了。赵宣子因为严谨的细节赢得锄麑对他的崇敬,而躲过一劫。所以,我们不要小看自己穿衣戴帽这些小问题,这对自己的形象,有很大的影响。

二、夫子失言

有一次,孔夫子离开魏国,要前往另外一个国家。夫子看到魏国的一名大臣正在那里大量制作叛乱的武器,立刻就想到,假如他们叛乱会有什么结果?一定是民不聊生。这个叛臣看到夫子已经发现了他的企图,就派兵把夫子包围起来,不让他走。他对夫子说:"您要对天立誓,不把我的事说出去,我才放您走。"夫子说:"好,我答应你。"

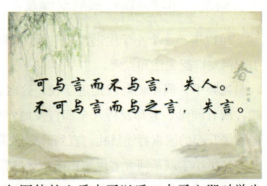

包围他的士兵走了以后,夫子立即对学生说:"走,回魏国,告诉国君。"子路说:"夫子,你何以言而无信?"夫子就跟子路说:"在威胁之下的信用,可以不用遵守,而且纵使我去通告,我个人的信誉毁坏没有关系,只要人民免于灾难就好。"从这个故事可以看出,孔夫子可以舍掉外在虚幻的东西,而去成就人民真实的利益,这就是懂得通权达变。

说一说:

(1)杀手锄麑为什么没有杀赵宣子而撞槐树自杀?你从这个故事里学到了什么?

（2）孔夫子是真的"言而无信"吗？为什么？

教师解析：

善自省者明，善自律者强。同学们要做到全面客观地看待自己，时刻保持清醒的头脑，增强自律自制能力，锻炼坚忍顽强的意志，不断提高自己的道德修养。还应崇尚诚实守信、办事公道、公平公正的美德，鄙视背信弃义、弄虚作假、自私自利等丑恶现象，珍视自己的名誉和气节，追求高尚的人格，为今后的人生打下坚实的道德基础。

一、河北一小学升旗仪式感动网友

2017年，一个小学生进校时驻足听国歌、向国旗行注目礼的视频，引起网友广泛关注和点赞。

视频中，同学们陆续走进学校，这时操场上响起了国歌，升起了国旗，所有同学、老师及行人全部自发地停下了脚步。同学们站得笔直，向缓缓升起的国旗行注目礼，直到升旗仪式结束。

感人的升旗仪式

这所小学就是河北省保定市南市区联盟西路小学。联盟西路小学的白校长在接受记者采访时表示，视频引发网友关注让她十分感动。

"视频中的内容不是有意安排的，只是学校日常工作的真实呈现，并不是什么值得炫耀的东西。"白校长说，"网友的评论大多充满正能量，这让我十分感动。学校做的这一点点工作能够得到社会的认可和肯定，我觉得教育的方向是正确的。"而对部分网友质疑的"为何不列队举行升旗仪式"，白校长介绍称，学校只有周一举行列队升旗仪式，其他几天是把仪式简化，只由升旗手和护旗手来负责升旗。

"教育应以德育为魂"，白校长表示，全面育人的教育观应体现在立德树人上，"升旗工作是学校德育工作中有关爱国主义教育的很小的一部分内容，但这仪式庄严、肃穆、神圣，我们师生每天经历它，在精神上就受到了洗礼"。

二、"马帮邮递员"王顺友

王顺友，四川凉山彝族自治州木里县邮局的邮递员。25年来，他没有延误过一个班期，没有丢失过一个邮件，投递准确率达到100％。王顺友赶着马在高山峡谷间送邮行程达26万多公里，相当于走了21趟二万五千里长征。为了保护邮件，他曾纵身跳入齐腰深的江水，也曾与歹徒搏斗。

"马帮邮递员"王顺友

如今，已经当了爷爷的他，仍在基层默默地工作。组织调他去县邮局，他不肯，仍行走在山间，只不过现在邮路短了。从木里县城到李子坪，单程4个多小时，一个星期两趟，一天即可来回。"我的家乡木里，有了发展与新变化，过去送邮件到村上，而现在邮件到乡镇上，用电话、手机通知村上的人自己来取就成了，方便了许多。"王顺友说。

四川全省原来有65条马帮邮路，随着交通发展，现在减至25条，其中15条在木里县，当年王顺友走的那条马帮邮路，又有了新人接替。

"走邮路时的体力明显不如以前，食量也不行，原来一顿饭差不多要吃1斤，现在顶多3两。"王顺友说。原来的老邮路，即使一路顺畅，走一趟也需14天。途中感觉冷了、寂寞了，王顺友总会喝口酒，14天要带10斤左右酒。现在，依旧被胃病折磨的他不敢多喝，也不能多喝了，"一次最多4两"。

王顺友习惯了孤独寂寞，他第一次走出大山做报告，几乎话都说不出来，请来地方的播音员帮助指导他，后来有人想了个"歪点子"，在王顺友的矿泉水里加了点白酒，喝了酒，他就放开了，讲得很精彩，他自己也笑起来了。"出了名也麻烦，我上街买东西，别人看到了我，总是要高开价，说我钱多了，要贵点。""山里老乡不知道商业常识，投一封信，交给你就了事，他没有贴邮票的意识，我也就掏腰包帮助补上。"

"20多年了，真是没时间陪家人。以前一个月顶多在家两天。"王顺友家中现有6亩地，工作之余，他也回家在地里干活，打理种的土豆、苞米。

说一说：

（1）河北省保定市南市区联盟西路小学的升旗仪式为什么会感动无数网友？你从这段视频中学到了什么？

_____
_____
_____

（2）是什么信念让王顺友从事艰苦的"马帮邮递员"这份工作？有人说王顺友"太傻"，你是如何看待的？

_____
_____
_____

教师解析：

同学们应把道德规范、规章制度、法律条文变成内心的坚定信念，把他律变成自律，从"要我这样做"上升为"我要这样做"，使遵章守纪的意愿更积极。要树立远大的理想，在服务和奉献中实现自己的人生价值，加强道德修养，明是非，知荣辱，依法办事，远离违法犯罪。

三、"寻医问药"我来诊断

小王和小李是一起长大的好朋友，就读于同一所初中，由于中考双双失利没有考上高中，于是两人相约去读技校。

小王在技校上学期间迅速调整好了心态，很快适应了学校生活，对自己严格要求，认真遵守校纪校规，并且激发起对所学专业的学习兴趣，学习刻苦，成绩优异，连续多次被评为"三好学生"，毕业时以优秀毕业生的身份被一家知名企业录用。

小李在校期间无视校纪校规，多次因不认真做卫生、打架斗殴、吸烟等被老师批评，甚至于被请家长。小李学习不认真，经常上课说话、玩手机、不按时完成作业，老师多次找他谈话，他也不改正，仍然我行我素，最后因多次违反校纪校规被学校开除，未能完成学业。

寻医问药：

（1）结合小王和小李的经历，说一说你对他俩的看法。

_____
_____
_____

（2）请结合你自己的实际情况，说一说应如何养成良好的行为习惯。

_____
_____
_____
_____

任务四　拓展训练营

 任务目标

通过拓展训练巩固知识，再次激发情感，把谨言慎行落实到行动中。

一、拓展训练一："我来讲故事"

1. 看一看：观看视频《手机的危害》，然后回答问题：

手机的危害

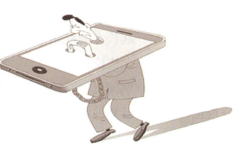

（1）手机给人们的生活带来了哪些新变化？

（2）列举沉迷于手机的危害。

（3）你今后打算如何正确使用你的手机？

2．讲一讲：每人准备一个古今人物关于"谨"的故事，通过小组选拔，每小组推荐一名同学参加班级故事会讲演。

二、拓展训练二:"我来诵经典"

每人找一篇关于"谨"的古文、诗词或文章,通过小组选拔,每小组推荐一名同学参加班级诵读比赛。

_____
_____
_____
_____
_____
_____
_____
_____

三、拓展训练三:"我来谈感受"

结合自身实际,写一篇关于本单元的学习心得,题目自拟。

四、拓展训练四："我来做一做"

根据自己的实际情况，把自己关于"谨"的典型事件登记在品行积分卡上。

品行积分卡

系部：　　　　　　班级：　　　　　　班主任：　　　　　　年　月　日

姓名		性别		年龄		职务	
家庭地址				联系电话			
善事行为积分情况							
序号	善事行为摘要			积分		核实人	备注
1							
2							
3							
4							
5							
6							
7							
8							
9							
10							
合计							

第六单元 诚 信

单元导读

　　诚信是中华民族历经 5 000 年沉淀下来的传统美德,是一切道德的基础和根本,是每个人立身处世之基石。诚信是一种道德,是一种规范,是一种制度,更是一种资产。没有诚信,我们立身社会、人际交往、治国安邦、事业发展无从谈起。党和政府高度重视诚信建设,诚信建设离不开诚信教育。

任务一 "诚信"感知

任务目标

理解诚信的内涵，明确诚信的基本要求是对人守信，对事负责，理解诚信是每个人立足于社会的通行证。自觉树立诚信意识，提高分析问题解决问题的能力、社会实践的能力以及明辨是非的能力，践约守信，诚实做人。自觉加强对他人、对社会的责任感，树立守信为荣、失信可耻的道德观念，大力弘扬中华诚实守信美德。

一、曾参杀猪的故事

曾参杀猪

曾参，春秋末期鲁国有名的思想家、儒学家，是孔子门生中七十二贤之一。据记载，清朝中兴名臣曾国藩就是他的后裔。他博学多才，且十分注重修身养性，德行高尚。

一个晴朗的早晨，曾参的妻子梳洗完毕，换上一身干净的蓝布新衣，准备去集市买东西。她出了家门没走多远，儿子就哭喊着从身后撵了上来，吵着闹着要跟着去。孩子不大，集市离家又远，带着他很不方便。因此曾参的妻子对儿子说："你回去在家等着，我买了东西一会儿就回来。你不是爱吃酱汁烧的蹄子、猪肠炖的汤吗？我回来以后杀了猪就给你做。"这话倒也灵验，她儿子一听，立即安静下来，乖乖地望着妈妈一个人远去。

曾参的妻子从集市回来时，还没跨进家门就听见院子里捉猪的声音。她进门一看，原来是曾参正准备杀猪给儿子做好吃的东西。她急忙上前拦住丈夫，说道："家里只养了这几头猪，都是逢年过节才杀的。你怎么拿我哄孩子的话当真呢？"曾参说："在小孩面前是不能撒谎的。他们年幼无知，经常从父母那里学习知识，听取教诲。如果我们现在说一些欺骗他的话，等于是教他今后去欺骗别人。虽然做母亲的一时能哄得过孩子，但是过后他知道受了骗，就不会再相信妈妈的话。这样一来，你就很难再教育好自己的孩子了。"曾参的妻子觉得丈夫的话很有道理，于是心悦诚服地帮助曾参杀猪去毛、剔骨切肉，为儿子做了一顿丰盛的晚餐。

二、绝壁凿天渠——"全国诚实守信道德模范"黄大发

黄大发曾任贵州省遵义市播州区平正仡佬族乡草王坝村党支部书记。从20世纪60年代起,他带领群众忠实践行"修渠致富"的诺言,历时36年,靠着镐头、钢钎、铁锤和双手,在绝壁上凿出了一条长9 400米、跨3个村的"生命渠",结束了草王坝长期靠天吃水的历史,乡亲们亲切地把这条渠称为"大发渠"(又称"生命渠"),黄大发也被称为"当代愚公"。

绝壁凿天渠

2017年4月25日,中共中央宣传部授予黄大发"时代楷模"荣誉称号;5月13日,贵州省委授予黄大发"全省脱贫攻坚优秀共产党员"称号;9月,获得"2017年全国脱贫攻坚奖奋进奖"。2018年3月1日,黄大发荣获"2017年度感动中国人物"。

小组讨论：

（1）曾子杀猪的故事给大家什么启示？

_____
_____
_____

（2）同学们从黄大发老人身上学到什么优秀品质？什么信念支撑他36年如一日克服重重困难修渠引水？

_____
_____
_____

（3）材料中的古今两个人物的共同点是什么？同学们该如何向他们学习？

_____
_____
_____
_____

知识链接

一、诚信的内涵

诚信既是中华民族的传统美德，也是现代社会主义精神文明的一项重要内容。"诚"是指诚实、诚恳；"信"是指讲信誉、重信用。"诚信"的含义主要是忠诚老实、诚恳待人，以信用取信于人；其表现是说老实话，办老实事，做老实人。诚信作为一种道德要求，是一切道德的基础和根本，是做人必须具备的基本品德，是做人的根本要求。

二、"诚信"的现实意义

　　诚信是中华民族的传统美德，也是公民的基本道德规范、社会主义荣辱观的重要内容。国无信不兴、人无信不立，市无信不旺，商无信不发，诚信对国家、社会、个人发挥着不可替代的重要作用。然而，随着社会主义市场经济的发展，新形势下中等职业学校学生的诚信状况却不容乐观，信用缺失现象越来越突出：考试作弊，作业抄袭；恶意拖欠学费，弄虚作假骗取补助；撒谎欺骗老师和家长；爱慕虚荣，攀比成风，投机取巧，追逐名利；求职材料弄虚作假，随意毁约；人际关系淡漠，言而无信，出尔反尔……加强诚信教育势在必行。

（一）感知"诚信"文化，接受"诚信"教育，有利于提高自身道德修养

　　诚信，是一个道德范畴，是公民的第二个"身份证"。著名教育家陶行知曾言："千教万教教人求真，千学万学学做真人。"这说明，做人"真"比一切都重要。诚信是公民基本道德规范的重要内容，也是社会主义荣辱观的重要内容，我们这个群体的整体道德素质有待提高，信用缺失现象越来越突出，而时代对职业教育的要求是"德才兼备"。所以，接受"诚信"教育既有利于实现"立德树人"的目标，也有利于提高我们的道德修养，促进全面发展，为适应于社会、立足于社会奠定坚实基础。

（二）加强诚信教育有利于培养学生树立远大的理想信念

诚信是中等职业学校学生树立理想信念的基础，一个没有良好诚信品德的人，不可能有坚定的理想信念，一个平时不讲诚信的人，在关键时刻不可能为崇高的理想信念做出牺牲。加强诚信教育，培养诚实守信的道德品质，才能使学生真正忠诚于国家和民族的事业，牢固树立为实现中华民族伟大复兴终生奋斗的理想信念。

（三）加强诚信教育有利于培养学生的规则意识和历史使命感

诚信既是个人的道德准则，也是社会主义市场经济的基本原则。社会主义市场经济的正常运行需要每个人诚实守信、遵守契约。民主法制建设需要社会成员遵纪守法、相互信任。加强诚信教育，帮助中等职业学校学生树立诚信为本、操守为重的信用意识和道德观念，使他们"以诚实守信为荣，以见利忘义为耻"，努力培养诚实守信的优良品质，奠定立足现代社会的道德基石，才能成为高素质的技能人才，承担起社会责任和历史使命。

（四）感知"诚信"文化，接受"诚信"教育有利于促进就业和立足社会

诚信是职业院校学生求职就业、进入社会的"通行证"。在校学习只是人生一个暂时的阶段性过程，最终还是要走入社会。在求职中，诚信将成为用人单位对求职者的基本素

质要求，是我们青年的安生立命之本。诚实守信有利于建立良好的人际关系，有利于获得他人的尊重与信任，为获得事业的成功奠定坚实的基础。接受诚信教育，自觉做诚信规范的力行者，把诚信作为高尚的人生追求、优良的行为品质、立身处世的根本准则，修身养性，身体力行，必然为进入社会、就业谋生奠定坚实基础。

三、"我"该怎么做

（一）要做到诚实守信就要从"小事"做起，养成良好的习惯

"勿以善小而不为，勿以恶小而为之"，要做到诚实守信必须待人真诚，言而有信，养成良好的习惯；要从大处着眼，从小处入手，从日常生活点滴做起，从身边小事做起，说老实话，办老实事，做老实人；坚持诚实守信原则，要处处替他人着想，也许在某些特定时候，讲诚信使自己暂时吃亏受到损失，但却能赢得别人的信任和良好的信誉。

（二）要做到诚实守信就要培养自己的意志力，增强独立性

据调查，很多学生诚信的丧失是从众心理和从众行为所致。许多时候，大家在明知一件事情是不正当甚至违法的时候，一个人可能不会去做，但是如果一群人中有人已经做了，并且在当时只能看到得益而没有产生相应后果的时候，从众心理就会使人们产生非理性思维，产生法不责众的心态，从而出现集体的越轨行为。学校里考试作弊、弄虚作假等很多非诚信的行为就是通过学生之间的互动、模仿、感染而产生的。要做到诚实守信就必须克服从众心理，加强自制力，增强独立性，学会独立思考、理性分析，敢于向不良行为和不良诱惑说"不"。

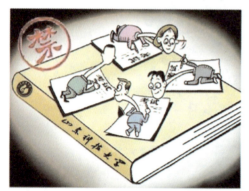

（三）要做到诚实守信就要避免侥幸心理

很多学生虽然在主观上觉得诚信很重要，明白诚信的意义和价值，知道应该以诚信待人处事，但在现实生活中却往往选择不诚信。如明明知道考试作弊、作业抄袭、撒谎等是不对的，但仍有不少同学明知故犯，将规章制度置于脑后。这种现象之所以存在，就是因为存在着侥幸心理。侥幸心理是一种非常不健康的心理。它常常使人做出不正确的判断，错误地估计形势，产生各种消极的心理暗示，在不知不觉中，其诚信道德价值观就会发生蜕变，从而迷失方向误入歧途。因此在做事之前要三思，根除侥幸心理，做到脚踏实地，这样才能认真地对待每一件事情，养成良好的诚信习惯。

任务一 "诚信"感知

（四）要做到诚实守信，就应做到"言必信，行必果"

诚实守信就要坚持实事求是的原则，是什么什么，说到就要做到，真诚待人，勤勉做事，言行一致，表里如一。诚信的大敌就是欺骗。要做到诚实守信，就应杜绝说假话、大话和空话，不欺骗人。作为学生，要以老实严谨的态度来对待生活、对待学习、对待朋友，不弄虚作假。同时，在人际交往中力戒说大话吹牛皮的不良习惯，坦承自己的缺点和不足。

活动天地

一、自我认知

1. 请根据自身实际情况对下面的题目做出"是"或"否"的回答。（"是"记1分，"否"记0分）。

表现行为	得分
1．上课或开会准时参加，从不迟到。	
2．同朋友约好的事情，总能放在心上不忘记。	
3．和朋友约会总是提前到达，不让别人等候。	
4．借别人的钱物能按时归还。	
5．不跟父母说谎。	
6．向父母所做的保证能够做到。	
7．父母想了解你的学习情况，能如实汇报。	
8．能坦诚地告诉父母你所结交的各种朋友。	
9．当你和同学闹了矛盾后，能够坦诚地作自我批评。	
10．对欺骗过你的同学不会以其人之道还治其人之身。	
11．能对知心朋友倾心相谈。	
12．不在背后议论别人。	
13．和朋友说话诚恳真实，没有吹牛的习惯。	
14．听课认真。	
15．遇到不会的问题，主动向老师、同学请教，绝不不懂装懂。	
16．作业独立完成，反对抄袭作业的行为。	
17．考试不作弊，也不帮助别人作弊。	
18．不爱慕虚荣，不与同学攀比穿着打扮。	
19．勤俭节约，从不向父母撒谎要钱。	
20．从未向老师撒谎请假与朋友外出游玩。	
总分	

2．自我总结：

你在诚信方面有问题吗？今后你如何进一步提升诚信度？

_____

_____

二、情感体验：观看公益短片《诚信》

"是你的就是你的，别人的钱不能拿"，卖菜的大姐似乎是斤斤计较，买菜的拿着多找的20元钱内心纠结，20元钱成了买菜男士心中的梗，最后禁不住自己的良心谴责退还了20元钱。人间自有真情在，诚信伴人走天下。

公益短片《诚信》

思考：

（1）卖菜的大姐开始斤斤计较是真的"小气"吗？

_____

_____

_____

（2）买菜的男士拿着多找的20元钱内心舒服吗？为什么？

_____

_____

_____

（3）买菜的男士为什么想尽一切办法还钱？如果你是买菜的男士你怎么做？

_____

_____

_____

任务二　解读经典

通过解读经典，感知诚信是中华民族的传统美德，理解诚信的内涵，感知诚信在中华民族文化发展中的重要意义。

一、《论语·为政》节选

【原文】

子曰："人而无信，不知其可也。大车无輗，小车无軏，其何以行之哉！"

【译文】

孔子说:"人要是失去了信用或不讲信用,不知道他还可以做什么,(就像)大车没有车辕与轭相连接的木销子,小车没有车辕与轭相连接的木销子,它怎么能行走呢?"

【解读】

𫐐和𫐄在一个车子上虽然很小,却起着很大的作用,孔子以𫐐和𫐄来比喻"信",说明"信"对一个人的影响和作用,车子没有𫐐和𫐄无法行走,一个人不讲信誉,那也是无法立足于社会的。孔子一再说"言而有信""民无信不立"。"信"确实是人与人交往的底线。

二、《春秋谷梁传·僖公二十二年》节选

【原文】

人之所以为人者,言也。人而不能言,何以为人?言之所以为言者,信也。言而不信,何以为言?信之所以为信者,道也。信而不道,何以为道?道之贵者时,其行式也。

【译文】

人之所以成为人,是因为能言语。如果不能言语,何以称为人?言语之所以有意义,是因为能表达承诺。如果言而无信,言语再多也没有意义。信义之所以为信义,是因为符合"道",没有"道"的信义,怎么能称为信义呢?"道"的最高准则,是依据当时的形势而定。

【解读】

"信"字由人和言组成。人是社会的动物,以言语沟通,这是人区别于动物的基本特征。言语能传达信息,我们也在不断交流中了解彼此,表达信任。所以说,"信"是社会交往的基本道德。

三、《弟子规》节选 "信"

【原文】

凡出言	信为先	诈与妄	奚可焉	话说多	不如少	惟其是	勿佞巧
奸巧语	秽污词	市井气	切戒之	见未真	勿轻言	知未的	勿轻传
事非宜	勿轻诺	苟轻诺	进退错	凡道字	重且舒	勿急疾	勿模糊
彼说长	此说短	不关己	莫闲管	见人善	即思齐	纵去远	以渐跻
见人恶	即内省	有则改	无加警	唯德学	唯才艺	不如人	当自砺
若衣服	若饮食	不如人	勿生戚	闻过怒	闻誉乐	损友来	益友却
闻誉恐	闻过欣	直谅士	渐相亲	无心非	名为错	有心非	名为恶
过能改	归于无	倘掩饰	增一辜				

【译文】

开口说话,诚信为先,答应他人的事情,一定要遵守承诺,没有能力做到的事不能随便答应,至于欺骗或花言巧语,更不能使用。说话多不如说话少,因为言多必有失。说话要恰到好处,该说的就说,不该说的绝对不说,谈话内容要实事求是,不要花言巧语,好听却靠不住。奸诈取巧的语言,下流肮脏的话,以及街头无赖粗俗的口气,都要避免不去沾染。

任何事情在没有弄清楚之前,不要随便乱说,不要轻易发表意见;听来的事情没有根据,不要随便乱传,以免造成不良后果。对于自己认为不妥当的事情,不要轻易答应,如果轻易允诺,就会使自己进退两难。讲话要口齿清楚,慢慢讲,不要太快,更不要模糊不清。

东家说长,西家说短,别人的是非很难弄清楚。与自己的正经事没有关系的,不要去多管。否则,不但搅乱了别人,也有损自己的德行。看见他人的优点或善行,就要想到自己也应该努力去做到。纵然差距很大,只要肯努力,渐渐就会赶上的。看见别人的缺点或不良的行为,要立刻反省自己。如果发现自己也有,就要马上改正;如果没有,也要引起警惕,防止自己犯同样的过错。做人最要紧的是自身的道德、学问、才能和技艺的培养,如果感觉到有不如人的地方，就要不断勉励自己，尽力赶上。

至于外表穿着，或者饮食不如他人，则不必放在心上，更没有必要忧虑自卑。如果一个人听到别人说自己的缺点就生气，听到别人称赞自己就欢喜，那么坏朋友就会来接近你，良师益友反而逐渐疏远了。反之，如果听到他人的称赞，不但没有得意忘形，反而会自省，唯恐做得不够好，继续努力；当别人批评自己的缺点时，不但不生气，还能欢喜接受；那么正直诚信的人，就会渐渐喜欢和我们亲近了。无心之过称为错，若是明知故犯，有意犯错便是罪恶。知错能改，是勇者的行为，错误自然慢慢地减少消失，如果为了面子，死不认错，还要去掩饰，那就是错上加错了。

【解读】

《弟子规》讲的"信"，是让人凡是开口说话，首先要讲信用，不能说欺诈不实的言语；话说得多不如说得少，凡事实实在在，不要讲些不合实际的花言巧语；人与人交往，要建立在互信的基础上。

《弟子规》旨在告诉我们要做一个讲诚信、待人真诚的人，这样才会赢得众人的信任和尊重。

小故事

一、一诺千金

战国时期，吴国有一位叫季札的公子，是一个诚实守信的人，只要是他答应过的事情，不论有多困难，都一定会做到。

有一次，季札出使晋国，途经徐国，去拜会徐君。徐君一眼看中了季札腰里挂着的长剑，眼睛一眨不眨地盯着，但是碍于面子，不好意思张口讨要。季札看到徐君这个样子，心里非常明白，只是他出门就带了这一柄剑，佩剑是出使各国的礼节，不能相赠。季札心里打定主意，等出使完列国，回来的途中再来拜会徐君，将佩剑赠予他。

等到季札出使结束再次来到徐国，想要拜会徐君，却听说徐君已经因病去世了。季札十分伤心，向人打听到徐君的坟墓所在，前往吊唁。吊唁完毕，季札解下腰间的长剑，挂在墓旁的树枝上。

跟随季札前来的随从十分不解："徐君已经死了，您还把宝剑挂在这里做什么呢？"季札说："徐君虽然去世，但是我心中已经许诺要将长剑赠予他，岂能因为他去世我就背弃诺言呢？"

季札挂剑的事情在当时就传开了，人们纷纷说："得黄金百斤，不如得季札一诺。"

后来便用"一诺千金""千金一诺""季札诺"等表示诚信可靠、说话有信誉。

二、晏殊立信

　　晏殊是北宋时期著名的文学家和政治家，14岁被地方官作为"神童"推荐给朝廷。他本来可以不参加科举考试便能得到官职，但他没有这样做，而是毅然参加了考试。事情十分凑巧，那次的考试题目是他曾经做过的，得到过好几位名师的指点。这样，他不费力气就从1 000多名考生中脱颖而出，并得到了皇帝的赞赏。但晏殊并没有因此而扬扬自得，相反他在接受皇帝的复试时，把情况如实地告诉了皇帝，并要求另出题目，当堂考他。皇帝与大臣们商议后出了一道难度更大的题目，让晏殊当堂作文。结果，他的文章又得到了皇帝的夸奖。

　　晏殊当官后，每日办完公事，总是回到家里闭门读书。后来皇帝了解到这个情况，十分高兴，就点名让他做了太子手下的官员。当晏殊去向皇帝谢恩时，皇帝又称赞他能够闭门苦读。晏殊却说："我不是不想去宴饮游乐，只是因为家贫无钱，才不去参加。我是有愧于皇上的夸奖的。"皇帝又称赞他既有真实才学，又质朴诚实，是个难得的人才，过了几年便把他提拔上来，让他当了宰相。

任务三　感悟体验与辨识

 任务目标

通过观看视频培养诚信意识，树立诚信目标，并落实到实际行动中；感知诚信的重要性，自觉养成诚信品质。

一、诚信是人之根本

（一）欣赏歌曲《诚信歌》

诚信歌

诚　信　歌

车　行词
李　听曲

言必行，行必果，一诺千金不打折；诚为根，信为本，说话算话好品德。说了就要做，不做　　承诺要比泰山重，一撇一捺写人格。一撇一捺写人格

（二）承诺一生的爱

朱邦月，福建省邵武煤矿退休工人，被评为"全国道德模范""2009年度感动中国人物"。朱邦月是妻子的第二任丈夫，两个儿子也都不是他亲生的。40多年前，朱邦月的朋友临终时，将2岁的儿子以及怀孕5个月的妻子托付给他，朋友恳求的眼神，让朱邦月做了一个至今未悔的决定：迎娶朋友的遗孀，并将朋友的两个儿子养大。1986年5月，朱邦月因骨折病退，后来妻子和两个儿子都得了进行性肌营养不良症，并随着病情加重，三人先后丧失了生活自理能力，全靠"一条腿"的朱邦月照料。几十年来，装着假肢的朱邦月一直在洗衣做饭、伺候病人、打扫卫生这样的生活中度过，但他从不懒惰懈怠，因为他知道，他是一家人生命的烛光，点燃着一个家庭的希望。

承诺一生的爱

心灵感悟：

（1）阅读材料，分析朱邦月承担了哪些责任。

_____

_____

（2）你从朱邦月身上感受到哪些优秀品质？

_____

_____

_____

(3) 假如你是感动中国人物评选委员会成员，你会为朱邦月写什么颁奖词？

（三）中学生撞车后留字条致歉，诚信感动车主

刮伤了别人的轿车，没有一走了之，等待车主未果之后留了一张字条在车窗上，告知车主过程以及联系方式，车主大为感动，不但没有追究学生的现任，还将此事发到微博上，网民纷纷转发。留字条者是扬州大学附中的一名学生。

诚信贴条

"尊敬的苏K×××××车主，我是扬大附中的一名学生，在今天中午的上学途中不小心弄坏了您的车。主要是一划痕及左后视镜，我无法及时赔偿，联系方式×××××××××。对不起！"这是扬大附中学生徐砺寒在他不慎刮伤的私家车上留下的字条。"刮出了一条明显的划痕，后视镜也刮坏了，壳子掉了下来。"徐砺寒没有选择逃离，而是决定在原地等车主。20分钟之后，眼看上学就要迟到，徐砺寒于是在车窗上留下一张字条，上面写明了事件过程并留下了自己的联系方式。就在他准备离开时，这辆车的车主来了，了解情况之后，车主十分感动，让他先去上学。

提起事情的经过，徐砺寒没回避自己的过错："当时路上并没有出现突发状况，完全是因为我自己骑车失误，刮伤了他的车。"发现车辆剐伤严重，徐砺寒当时就慌了，"当时我脑子一片空白，有点慌张，觉得自己做错了事情，就必须承担责任"。事后，徐砺寒的妈妈还亲自带着他找到车主，向车主道歉。

车主凌云志称，自己第一反应是有点生气，"但是看到那个孩子这么诚实地站在那里等我，我真的感到震惊，随后就是深深的感动"。随后，凌云志在网上发微博称："今天发生在身边的这个小经历，让我结结实实地感动了好久。孩子，谢谢你，你让我们这些被尘俗污染太久的大人的心灵被好好清洁了一回。"

对于车辆的损伤，凌云志在接受记者采访时表示并不在意，"我不再追究这个孩子的责任，他的品质比修理的费用更加可贵"。

中学生徐砺寒此举的"正能量"得到网民大加赞赏，其中一条关于此事件经过的微博两小时内被转发1 000多次，网民称徐砺寒留的字条为"诚信贴条"，"为孩子们树立了榜样"。

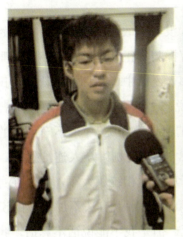
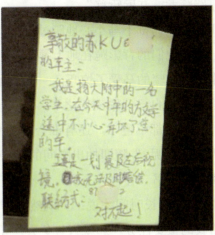

说一说：

（1）如果当时刮坏汽车的是你，你会怎么做？
_____
_____
_____

（2）你如何看待事件中的各个人物的做法？
_____
_____
_____

教师解析：

诚实守信是我国传统道德大厦的根基，诚信铸成中华民族道德之魂。"所守者道义，所行者忠信，所惜者名节。"诚信在社会生活中发挥着重要作用，讲诚信才能建立良好的人际关系，讲诚信才能获得他人的尊重与信任，讲诚信才能获得事业的成功，讲诚信有利于构建社会主义和谐社会。在社会发展的今天，我们中等职业学校学生都应明白诚实守信的重要性，树立"以诚实守信为荣，以见利忘义为耻"的荣辱观，"从我做起，从今做起"，做到明是非、知荣辱，与人融洽相处，促进良好社会风气的形成，让我们的事业蒸蒸日上、祖国更加美好。

二、诚信达天下

（一）曹操断发

曹操是东汉末年著名的政治家、军事家、文学家。一次，曹操统率大军去打仗。在行军的路上，命令官兵不得践踏麦田，"大小将校，凡

曹操断发

过麦田，但有践踏者，并皆斩首"。

经过麦田的官兵，都下马小心地蹚过麦田，没一个敢践踏麦田的。老百姓看见了，没有不称颂的，望着他们的背影跪在地上拜谢。曹操骑马正在走路，忽然，田野里有一只鸟惊叫着飞起来。曹操骑的马受了惊吓，一下子蹿入麦田中，踏坏了一块儿麦田。曹操立即叫来随行的官员，治自己践踏麦田之罪。官员说："怎么能给丞相治罪？"曹操说："我亲口说的话，我自己都不遵守，还有谁会心甘情愿地遵守呢？一个不守信用的人，怎么能统领成千上万的士兵呢？"随即抽出腰间的佩剑，想要自刎。众人连忙拦住。这时，大臣郭嘉走上前说："古书《春秋》上说，法不加于尊。丞相统领大军，重任在身，怎么能自杀呢？"曹操沉思了好长时间才说："既然古书《春秋》上有法不加于尊的说法，我又肩负着天子交给我的重要任务，那就暂且免去一死。但是我不能说话不算话，我犯了错误也应该受罚。"于是，曹操用剑割下自己的头发，扔在地上，说："那么，我就割掉头发代替我的头吧。"曹操又派人传令三军："丞相践踏麦田，本该斩首示众，现在割掉头发代替。"现在的人觉得剪头发是件很正常的事。可是，当时的人认为，身体发肤受之父母，头发是从父母那里继承来的，随便割掉头发是大逆不道的事情，是不孝的表现。因此，在当时的人看来，曹操割头发是对自己的严厉惩罚。

（二）欣赏微电影《诚信的较量》

心灵感悟：

观看完《诚信的较量》之后，你有何感想？你从中得到什么启发？

_____
_____
_____

微电影《诚信的较量》

教师解析：

诚信是一种无价的美好品德。"德盛者其群必盛，德衰者其群必衰。"对一个品牌、一家企业来讲，诚信是灵魂、是生命、是企业生存和发展的永恒动力。失去了诚信，企业必将衰亡。在激烈的市场竞争中，诚信是最好的竞争手段。企业和企业家，只有通过自己的诚信经营先争到诚信的"名"，才能获得更大的"利"。古今中外，不讲信用的企业和企业家可能得逞于一时，但都不能长久。只有牢固建立在信用基础上、坚持诚信经营的企业才能长盛不衰，永远立于不败之地。当今，"言必信，行必果，互信共赢"已成为世界和谐发展的准则。同学们应该为之努力，以实现和谐世界天下大同的美好愿景。

三、"寻医问药"我来诊断

　　A、B来自同一个村子并同在一所技工学校里学习，但他们的学习生活情况却迥然不同。

　　A同学家境贫寒，父亲过世早，妈妈一人带着他和妹妹生活。班主任了解情况后替他申报了助学金，但A同学坚持把助学金的名额让给了更贫困的同学。为减轻家庭负担，他每天不辞辛苦在学校食堂打工。妈妈担心他的身体和学习，他向妈妈保证肯定不影响学习和身体健康，并每天向妈妈汇报自己的情况。A同学通过自己的刻苦努力，期末被评为三好学生，也兑现了自己向妈妈的承诺。

　　B同学家庭条件一般，入学初也申报了助学金，可B同学到技校上学后学会了抽烟，迷上了网络游戏，把父母给他的饭钱大部分用于购买香烟和点卡，为了满足自己的消费还经常以学校要收取费用为由跟父母多要钱，助学金也被他挥霍一空。因平时不好好学习，成绩大幅下滑，为避免期末挂科，他不惜考试作弊，被监考老师抓到。

寻医问药：

（1）请你评价A、B两名同学的做法。
_____
_____
_____

（2）请你为中等职业学校学生的学习生活提几点忠告。
_____
_____
_____
_____

任务四　拓展训练营

任务目标

　　通过拓展训练，巩固知识，再次激发情感，把诚信落实到行动中。

一、拓展训练一:"我来讲故事"

1. 看一看:观看电影《一诺千金》。

电影《一诺千金》片段

(1)喜良为信守对老乡刘根的承诺做了哪些事情?

_____
_____
_____

(2)喜良把小宝送回老家后是不是兑现了自己的承诺?可他又是怎么做的?

_____
_____
_____

(3)你怎么看待故事中的主人公喜良?你是怎么在生活中信守承诺的?

_____
_____
_____

2. 讲一讲:每人准备一个古今人物诚信的故事,通过小组选拔,每小组推荐一名同学参加班级故事会讲演。

_____
_____
_____
_____
_____

二、拓展训练二:"我来诵经典"

每人找一篇关于诚信的古文、诗词或文章,通过小组选拔,每小组推荐一名同学参加班级诵读比赛。

三、拓展训练三:"我来写一写"

每人根据自身实际写一篇第六单元学习感想。

四、拓展训练四："我来做一做"

每人根据自身实际情况，把自己每周的诚信表现登记在品行积分卡上。

品行积分卡

系部：　　　　　班级：　　　　　班主任：　　　　　　　年　月　日

姓名		性别		年龄		职务	
家庭地址				联系电话			
善事行为积分情况							
序号	善事行为摘要				积分	核实人	备注
1							
2							
3							
4							
5							
6							
7							
8							
9							
10							
合计							

第七单元
仁

单元导读

"仁"是中国古代一种含义极广的道德范畴,是儒家思想的精髓。孔子把"仁"作为最高的道德原则、道德标准和道德境界,其核心指人与人相互关爱。当今世界,仁爱作为中国最朴素的人道原则,是构建社会主义核心价值体系、实现中华民族伟大复兴的中国梦的力量源泉。

任务一 "仁"感知

任务目标

感知"仁"是最高的道德原则和道德标准;理解"仁"的内涵及现实意义;掌握仁爱方法;养成严于律己、宽以待人、助人为乐的良好品德。

案例链接

一、雪中送炭

宋太祖的弟弟宋太宗,曾与宋太祖一起打天下,经历了无数艰难困苦,深知创业不易,因此,他十分理解和同情生活在底层的百姓。993年的一个冬天,东京(开封)天寒地冻,皇宫的房檐上挂着一尺多长的冰凌,在冬日阳光的照耀下,闪着逼人的寒光。宋太宗坐在宫殿里,穿着厚厚的衣服,旁边生着炭火,仍觉得冷气袭人。他想:
"身在宫殿中的我,身着皮龙袍,有炭火取暖,仍觉寒冷,那些衣不蔽体的贫苦农民该如何生活?"想到这里,他立刻召来开封府尹说:"现在冰天雪地、滴水成冰,像我们这样有吃有穿有火烤的人都觉得十分寒冷,那些没有吃没有穿没有火烤的百姓又如何受得了?你快些带上御寒的东西去慰问那些受苦的百姓,帮助他们解决过冬的问题,看看他们都缺什么好帮助他们。"并下旨给京城所有年长者发放慰问金,给超过100岁的老者赐金腰带,给鳏寡孤独以及贫穷者送去粮米、钱财和炭火。开封府尹接到圣旨后立刻行动,带着他的众多随从,将御寒的东西送到每一个百姓手中,百姓感激涕零,称赞宋太宗是"雪中送炭"。"雪中送炭"为宋太宗赢得了百姓的口碑,为他的统治打下了良好的民众基础。

二、"全国道德模范"方敬

方敬,男,汉族,1931年1月生,中共党员,华东师范大学退休教授。

全国道德模范——方敬

1991年,方敬从华东师范大学退休,只身回到家乡苏北的一个小渔村助学扶困、教化乡邻。他倾尽200余万元积蓄成立"景清奖学金",资助260名寒门学子步入高等院校。26年崇文兴教、涵育乡风、反哺桑梓,方敬老人成为一位远近闻名、备受尊崇的"新乡贤"。

1948年,方敬考入上海华东模范中学,因为家中贫困,他吃不起午饭,每天中午靠喝水充饥。一天,班主任胡景清老师发现这一情况,便拉着方敬一起吃饭。从此,胡老师把每顿午餐都分出一半给方敬,直到他读完高中。方敬深受老师影响,立志也要做胡景清老师这样的人。

方敬任华东师范大学教授、华东师范大学成人教育研究所副所长期间,每年都回到家乡任庄村,用自己有限的工资资助当地贫困学子。退休后,方敬归返乡里,发挥余热,用教育回报家乡、回报社会,设立以自己恩师的名字命名的"景清奖学金",先后资助260名贫困家庭的孩子进入高等院校学习。2011年,方敬罹患癌症,家人把他接回上海治疗,劝他留在上海休养。但是他惦记着家乡的学生,身体稍有恢复,就回到他的"景清书苑"和孩子们在一起。方敬回到家乡的这26年,原来连高中生都很少有的小渔村先后走出140余名大学生。方敬的谆谆教导,让人们改变了"上学不如上船,读书不如赚钱"的观念。与此同时,他还免费为乡村教师、学生等开设书法培训班,致力打造文化小镇、艺术小镇,镇里先后走出全国书协会员12名。他言传身教,倡导移风易俗,引领乡风文明,宋庄镇成为有名的省级文明镇。方敬的事迹和精神像火种在赣榆区传播,党员干部以方敬为榜样,学方敬、敬乡贤、做表率,尊师重教在当地蔚然成风。

方敬荣登"中国好人榜"。

小组讨论：

（1）你是如何看待宋太宗"雪中送炭"的？
_____
_____
_____

（2）是什么原因让方敬"用教育回报家乡、回报社会"？从方敬身上你学到了什么？
_____
_____
_____

（3）你打算如何回报家乡、回报社会？
_____
_____
_____

知识链接

一、"仁"的内涵

"仁"中国古代一种含义极广的道德范畴，本指人与人之间相互亲爱。孔子把"仁"作为最高的道德原则、道德标准和道德境界。他第一个把整体的道德规范集于一体，形成了以"仁"为核心的伦理思想结构，它包括孝、悌、忠、信、礼、义、廉、耻、仁、爱、和、平等内容。

我们这里的"仁"主要指"仁爱"。仁爱，指宽厚慈爱，爱护，同情。《淮南子·修务训》云："尧立孝慈仁爱，使民如子弟。"仁爱不仅是现实世界中个体与他人、社会、天地万物的一种爱的情感，更是一种影响人们思维方式、信念以及行为的美好品质。

二、"仁"的现实意义

"仁"就是以"己所不欲,勿施于人""己欲立而立人,己欲达而达人"的原则,将尽己之心为忠、推己及人为恕的忠恕之心扩展到邻居、朋友,乃至天下,沿着这一道德提升路径,将仁爱、友善从家庭延伸至他人、社会和国家。"仁爱"思想不仅具有持久的生命力,而且将家国一体的意识深深植入中华民族的灵魂深处;不仅赋予了中华民族"修齐治平"的人生理想,而且培育了中华儿女牢固的爱国情结,始终把中华儿女紧密团结在一起。社会稳定有序,百姓安居乐业,这将极大地促进经济发展和社会各项事业不断进步。

(一)"仁爱"之心,有利于珍爱自己,完善自我人格

同学们正处于身心发展的青春期阶段,在理智、情感、道德等方面还尚未成熟,思考问题不全面,情绪上易产生波动,自杀、自残事件时有发生,因此,"仁爱"教育不仅引导我们关爱自我,培养自尊、自信、自立、自强意识,还有助于提升自身的道德修养,完善自我人格,珍爱生命,善待自己。

(二)"仁爱"之心,有利于青少年善待他人,热情面对生活

仁爱是伟大的人类之爱,仁爱之心应指向社会生活中的每一个人。爱的对象首先应是父母、老师等长辈和身边的同龄人,"仁爱"教育可以使青少年在尊重、关爱长辈和老师中培养"仁爱"之心,在与同龄人的交往和相处中,践行"仁爱"之情,热情面对身边的一切,这是青少年应努力追求的一种积极而自信的心态。

(三)"仁爱"之心,有利于青少年培养感恩之心,珍惜幸福生活

现代社会人们长期处在紧张、快节奏的生活状态,使得有些人变得冷漠自私,人与人之间缺乏沟通与关爱。仁爱教育可以使中等职业学校的学生继承和发扬仁爱精神,树立感恩观念,关心人、爱护人、体贴人、讲诚信、讲友爱,并使这些思想意识广泛传播,从而提升青少年的幸福感,使之更加珍惜现在的幸福生活。

三、"我"该怎么做

（一）应努力提升自身的道德修养，培养感恩之心

为人之情，仁爱则人善。中等职业学校的学生应以仁爱之心待人，善良而不奸狡，热爱生活，珍视自己，对生命负责。在与父母亲人的相处中，在与同龄人的交往中培育仁爱意识，从小事做起，从细微之处着眼，努力提升自己的道德修养，以感恩之心善待一切。

（二）应友善待人，懂得谦让，学会宽容

友善待人是富有爱心的表现。要做到友善待人，就应该用平等宽容之心对待他人，时时为他人着想，处处为他人服务。谦让具体表现为：处处为他人着想，把好处、方便或荣誉主动自觉地让给别人，不为个人利益争先恐后、计较盘算，不争权夺利。宽容就是要做到心胸宽广，为人谦让，不斤斤计较，开朗豁达，善于听取不同的意见，乐于接受他人的建议和批评等。

（三）应提倡助人为乐，不求回报，以德报怨

助人为乐是中华传统美德，是指乐于帮助别人，不求回报。投之以桃，报之以李，这种仁爱是应该的，施恩不图报的无私助人似乎也不难做到，最难得的是做到"以德报怨"。当别人做了对不住自己的事情时，不耿耿于怀，以宽大的胸怀对待，化干戈为玉帛是一种高尚的道德境界。

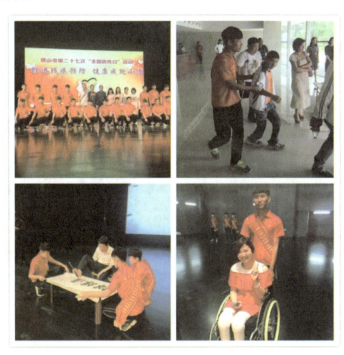

任务一 "仁"感知

 活动天地

一、"助人为乐小标兵"

1. 请如实填写自入学以来你所做过的好事,每一件好事积1分,比较一下班里谁做的好事最多,评选出班里的"助人为乐小标兵"。

姓名		性别		年龄		职务	
家庭地址				联系电话			
助人为乐积分情况							
序号	助人为乐摘要			积分	核实人		备注
1							
2							
3							
4							
5							
6							
7							
8							
9							
10							
合计							

2. 自我总结:
你做过的哪件助人为乐的事情让你印象最深刻?助人为乐使你快乐吗?为什么?

_____
_____
_____
_____
_____
_____

二、情感体验：欣赏小品《扶不扶》

小品《扶不扶》

思考：

你是如何看待小品中所反映出的社会现象的？在现实生活中，你如果遇到了相同的事情会怎么做？

_____
_____
_____

三、做手语操《仁爱之歌》

手语操《仁爱之歌》

思考：你做到"严于律己、宽以待人"了吗？如果做到了，你是怎么做的？如果没做到，你今后打算怎么做？

_____
_____
_____
_____
_____

任务二　解读经典

任务目标

感受中华传统"仁"文化源远流长,中国汉文字意义博大精深,理解"仁"是最高的道德原则和道德标准。

古文解读

一、《孟子·离娄下》节选

【原文】

仁者爱人,有礼者敬人。爱人者,人恒爱之;敬人者,人恒敬之。有人于此,其待我以横逆,则君子必自反也:"我必不仁也,必无礼也,此物奚宜至哉?"

【译文】

能建立人与人之间相互亲爱的关系的人能爱别人,心中有社会行为规范的人能尊敬别人。能爱别人的人,别人也常常爱他;能尊敬别人的人,别人也常常尊敬他。这里有个人,他对我蛮横而不顺从,那么君子就要自我反省:"我必然有爱心不够的地方,必然有不遵守社会行为规范的地方,这种情况怎么能够出现呢?"

【解读】

孟子的主要思想就是仁、义、善,其中"仁"是其思想的核心。这段话对儒家"仁爱—博爱"的基本观念做了较为恰当的揭示。将仁、爱人、敬人、自反和互惠整合起来:仁表现为爱人的落实;礼则表现为敬人的实践;仁礼施与人,人必以仁礼回报之,如果不然,只能是自己的爱敬不够诚恳笃实。儒学中所提倡的仁爱,意为遵从仁德,施爱于人。就是说,人要有一颗善良博爱的心灵。

二、《孟子·尽心上》节选

【原文】

孟子曰:"君子之于物也,爱之而弗仁;于民也,仁之而弗亲。亲亲而仁民,仁民而爱物。"

【译文】

孟子说:"君子对于万物,爱惜而不必施予仁德;对于百姓,施予仁德而不必视作亲人。(君子)首先要亲近亲人,进而把仁德施给百姓;把仁德施给百姓,进而爱惜万物。"

【解读】

孟子继承孔子仁爱的思想，在孔子"亲亲"之"仁爱"的基础上，提出"仁民爱物"的思想，将仁爱的外延进一步扩大，突破了以血缘亲情为界限的狭隘的仁爱。从"亲亲"到"仁民"再到"爱物"，体现了人之仁爱范围的不断扩展。只有能够爱亲人，才能推己及人去爱百姓；只有能够爱百姓，才有可能爱惜万物。

三、《韩昌黎集·原道》节选

【原文】

博爱之谓仁，行而宜之之谓义，由是而之焉之谓道，足乎己而无待于外之谓德。

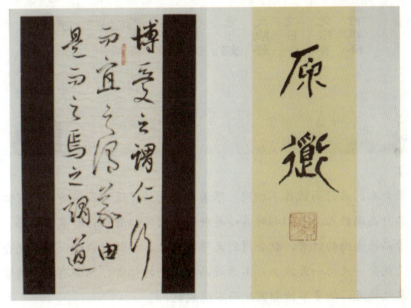

【译文】

博爱叫作"仁"，恰当地去实现"仁"就是"义"，沿着"仁义"之路前进便为"道"，使自己具备完美的修养而不去依靠外界的力量就是"德"。

【解读】

这里韩愈给仁、义、道、德下了定义，仁、义二者有其特定的内容，是儒家所特有的；道、德二者意义比较宽泛，哪一个学派都可以用，对"仁"韩愈用博爱释之（与孔子的"仁者爱人"相通），意即对人充满关怀和热爱，始于孝敬父母、关爱兄弟，进而推及任何人；这种博爱的思想必须通过行为表现出来落实到具体实践中，就是"义"（与孔子的"克己复礼"相通）。所以仁、义二者，仁表现为内心修养，义表现为行动。按照仁义的标准去做就是"道"，不必要外界的帮助和安慰，切实具备仁义，达到自得自乐的地步，就是"德"。韩愈在这里用"仁义"来限制"道德"，用"仁义"来充实"道德"。

四、《弟子规》节选 "亲仁"

【原文】

同是人　类不齐　流俗众　仁者稀　果仁者　人多畏　言不讳　色不媚
能亲仁　无限好　德日进　过日少　不亲仁　无限害　小人进　百事坏

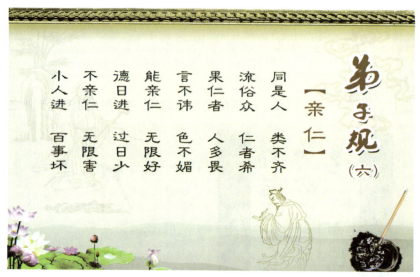

【译文】

同样在世为人，品行高低各不相同。跟着潮流走的普通俗人很多，而有仁德的人却很稀少。真正品行高尚的人，人们都对其心存敬畏。因为仁者说话时直言不讳，也不阿谀奉承。能够亲近品德高尚的仁者，就会得到无限的好处。与仁者亲近，德行就会一天比一天增进，而过失就会一天比一天减少。不亲近品德高尚的仁者，就会有无限的害处。这样一来小人就会乘机接近，很多事情都因此而不能成就。

【解读】

我们每一个人都希望自己所结交的朋友都是非常好的，都希望所交往的朋友都是仁慈、品德好、道德涵养很高的人。为了实现这样的希望，我们就要去寻觅这样的好朋友。所以这也告诉我们，我们的生活品质要逐渐提升，随着年龄的增长，我们的涵养也要提高。所以，这里讲"亲仁"就是亲近知识、亲近师长。

 小 故 事

一、魏文侯拜段干木

段干木是战国时魏国有名的贤士，但是他不喜欢做官。魏文侯亲自去请他，他就躲起来。魏文侯并不生气，每次经过段干木家门口时，总是手扶车前的横木站着，表示敬意。

一次，魏文侯又经过段干木的家，他像以往一样，手扶横木，眼望门口。仆人就问他："您为什么要表示敬意呢？"他说："因为这是段干木的家。"仆人又说："段干木只不过是一个平民，而您是万人敬仰的王侯，有必要这样对他表示敬意吗？"文侯说："段干木不趋炎附势，是个君子，虽然住在简陋的巷子里，可名声早已传到千里之外。别人敬重段干木，是因为他品德好；敬重我，只不过是因为我有权势。权势不如品德尊贵，钱财没有道德高尚。我能不尊重他吗？"

二、孟母三迁

我国古代思想家孟子，人称"亚圣"。在孟子3岁那年，父亲去世了。为了把儿子培养成为一个有学问的人，母亲对孟子的教育非常严格。开始，他们住在一片墓地附近，由于常常看到出殡的场面，孟子与小伙伴常玩下葬扫墓之类的游戏。孟母认为这样对孩子学习不利，便把家搬迁到了一个集市附近。那儿都是些杀猪卖肉做小买卖的商贩，时间一长，孟子与小伙伴又玩起做买卖的游戏。孟母一看又不行，就决定再一次搬家。这一回搬到一所学堂附近，孟子每天看到的是读书郎，听到的是读书声，受到学习氛围的影响，孟子开始喜欢读书了，孟母脸上露出了笑容。以后，他们就一直居住在这里。

孟母三迁

三、三顾茅庐

官渡大战，曹操打败了刘备。刘备只得投靠刘表。

曹操为得到刘备的谋士徐庶，就谎称徐庶的母亲病了，让徐庶立刻去许都。徐庶临走时告诉刘备，隆中有个奇才叫诸葛亮，如果能得到他的帮

三顾茅庐

助,就可以得到天下了。

第二天,刘备就和关羽、张飞带着礼物,到隆中去拜访诸葛亮。谁知诸葛亮刚好出游去了,书童也说不准什么时候回来。刘备只好回去了。

过了几天,刘备和关羽、张飞冒着大雪又来到诸葛亮的家。刘备看见一个青年正在读书,急忙过去行礼。可那个青年是诸葛亮的弟弟。他告诉刘备,哥哥被朋友邀走了。刘备非常失望,只好留下一封信,说渴望得到诸葛亮的帮助,平定天下。

转眼过了新年,刘备选了个好日子,又一次来到隆中。这次,诸葛亮正好在睡觉。刘备让关羽、张飞在门外等候,自己在台阶下静静地站着。过了很长时间,诸葛亮才醒来,刘备向他请教平定天下的办法。

诸葛亮给刘备分析了天下的形势,说:"北让曹操占天时,南让孙权占地利,将军可占人和,拿下西川成大业,和曹、孙成三足鼎立之势。"刘备一听,非常佩服,请求他相助。诸葛亮答应了。那年诸葛亮才27岁。

任务三　感悟与体验

任务目标

通过观看有关视频激发仁爱之心,感受仁爱的现实意义,学习他人的善行孝举;通过诊断身边案例,提高辨别是非的能力,培养自己正确的世界观、人生观和价值观。

一、"仁爱"故事

(一)用生命诠释师德——谭千秋

谭千秋(1957—2008年)湖南衡阳人,生前系东方汽轮机厂所属东汽中学学生工作处主任,四川省特级教师。他1978年3月,以优异成绩考入湖南大学政治专业学习,1982年1月毕业后分配到四川绵竹东方汽轮机

英雄永生　大爱千秋

厂工作，入党以后，先后在该厂职工大学和中学任教。从教26年，谭千秋不仅教学成绩卓著，被评为特级教师，而且在中学教导主任岗位上，致力于教学改革和创新，为提高教学质量做出了积极贡献。

2008年5月12日，一个黑色的日子！

清晨，天空阴沉沉的。

下午2时多，谭千秋在教室上课，他正讲得起劲时，房子突然剧烈地抖动起来。地震！谭千秋意识到情况不妙，立即喊道："大家快跑，什么也不要拿！快……"

同学们迅速冲出教室，往操场上跑。房子摇晃得越来越厉害了，并伴随着刺耳的吱吱声，外面阵阵灰尘腾空而起……

还有4名同学已没办法冲出去了，谭千秋立即将他们拉到课桌底下，自己弓着背，双手撑在课桌上，用自己的身体盖着4名学生。教室塌了，他们都被压在下面。

13日22时12分，谭千秋终于被找到了。"我们发现他的时候，他双臂张开着趴在课桌上，后脑被楼板砸得深凹下去，血肉模糊，身下死死地护着4名学生，4名学生都还活着……"第一个发现谭老师的救援人员眼含热泪，他说，谭老师誓死保护学生的形象，是他这一生永远忘不掉的。

为了4名学生的生命，谭千秋义无反顾地献出了自己的生命。他以师者的本色展示了人民教师的职业操守，以自己的宝贵生命诠释了爱与责任的师德灵魂，他那张开的双臂充满无私的大爱。

他的一生是平凡的一生。正是这样的平凡，才真正体现了他一生不为名、不为利、不苟且、不阿谀的傲骨和正气。也正是这样的人，才能在危难之际显现出英雄本色。他在灾难来临时张开双臂保护学生那一瞬间的造型，在人们心中树立了一座丰碑！谭千秋被追授"全国抗震救灾优秀共产党员""抗震救灾英雄"等荣誉称号，入选"100位新中国成立以来感动中国人物"。

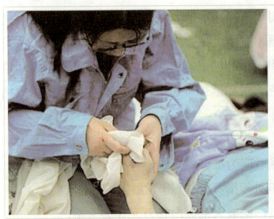 

说一说：

地震来临，如果你是谭千秋老师会如何选择？从谭千秋老师身上你学到了什么？

_____
_____
_____

（二）"2017年度感动中国人物"卢永根

一名老科学家，用无言的行动诠释了人生的意义。

罹患重症的中科院院士卢永根，将毕生积蓄880多万元无偿捐献给教育事业。

"2017年度感动中国人物"卢永根

他说："党培养了我，将个人财产还给国家，是做最后的贡献。"

因罹患癌症，87岁的卢永根自觉时日无多，与夫人徐雪宾商量，决定捐出所有积蓄。

3月的一天，卢永根在夫人搀扶下来到银行，将十多个存折的存款转入华南农业大学的账户。因每笔转账都需输密码、签名，前后足足花了一个半小时。

卢永根夫妇一共捐出8 809 446元。学校用这笔款设立了教育基金，用于奖励贫困学生与优秀青年教师。

华南农业大学党委书记李大胜看到卢永根用颤巍巍的手掏出牛皮纸包裹着的一叠存折时，忍不住热泪盈眶。

卢永根家里的摆设，还停留在20世纪80年代：破旧的木沙发，老式电视机；铁架子床锈迹斑斑，挂帐子用的竹竿，一头绑着绳子，一头用钉子固定在墙上；几把还在使用的椅子，用铁丝绑了又绑。

去过他家的人，都会产生一种印象：家徒四壁。

平日里，这位老校长常常拿着一个半旧的饭盒，与学生们一起排队，一荤一素二两饭，在一个不起眼的位置，慢慢地将饭菜吃得干干净净。和水稻打了一辈子交道的他总是善意提醒那些浪费饭菜的学生："多少棵水稻才能做成一碗米饭？"

"钱都是老两口一点一点省下来的。"卢永根的秘书赵杏娟说，对扶贫和教育，两位老人却格外慷慨，每年都要捐钱。2014年，卢永根和他哥哥还悄悄将老家两间商铺祖屋捐给了当地小学。

卢永根没有将财产留给唯一的女儿。

他说，孩子已经自立了，他的个人财产最后应为社会做贡献。

20世纪80年代末，学校发展落后，卢永根四处筹措资金，用于发展多学科和重奖人才。为表彰辛朝安教授团队对兽药开发的贡献，他破天荒拨出10万元作为奖励。

为让优秀学者刘耀光安心回国，他多方筹措经费，为其建立了专门的实验室。

博士生刘向东到香港大学做研究，他主动借给其1 500元，还把自己出国用的两个行李箱与一套新西服送给学生。

"他为科研奉献了一切。"弟子张桂全说。

卢永根说："生命诚可贵，爱情价更高；若为祖国故，两者皆可抛。我希望能像一束小火花，点燃你们心中的爱国主义火焰。"

说一说：

"巨额的捐款"与"家徒四壁"形成了鲜明的对比，你从卢永根身上学到了什么？

_____
_____
_____

（三）"2015年度感动中国人物"官东

2015年6月1日，"东方之星"号客轮在长江中游湖北监利水域沉没。官东主动请缨加入海军工程大学抢险救援分队。6月2日抵达救援现场后，他第一个跳入水中，面对水流湍急、能见度极低的双重考验，官东首先在船舱内发现了朱红美老人，他一边耐心安抚老人的情绪，一边帮她穿戴好装具，最终成功将其救出，这是第一位被成功救出的生还者。14时15分，官东再次下水，在机舱部位找到了船员陈书涵。面对体力严重透支陷入绝望的陈书涵，官东毫不犹豫地将自己的装备给了陈书涵，自己冒着生命危险仅靠轻潜装具支撑。上浮时，他身上的信号绳被缠住，危急之下，官东割断信号绳，与水上指挥人员彻底失联。

"2015年度感动中国人物"官东

官东在黑漆漆的舱内摸索近20分钟，终于找到出舱口，怎料一个暗流瞬间将他卷入深水区，而此时，装具里的氧气即将耗尽，官东果断丢掉所有装具，憋着一口气猛地往上游。由于上升速度过快，刚出水的官东双眼通红、鼻孔流血。面对大家的赞许，这个帅气的"90后"小伙儿，没有多言。因为在他看来，这是军人应有的担当。

"2015年度感动中国人物"颁奖词这样描述他：来不及思量，就一跃而入，冰冷、漆黑、缺氧，那是长江之下最牵动人心的地方。别紧张，有我在，轻声的安抚，稳住倾覆的船舱，摘下生命软管，那肩膀上剩下的只有担当。人们夸你帅，不仅仅指的是面庞。

说一说：

面对危险，官东把生的希望给了被救者，如果是你，你能做到吗？你从官东的身上学到了什么？

_____
_____
_____
_____

教师解析：

仁爱精神提倡的是人与人之间相亲相爱，尊重人的价值，同情人，帮助人。仁爱的方法是推己及人，要求站在对方的立场上思考问题，进一步实现爱所有人。同学们应继承和发扬仁爱精神，树立仁爱观念，努力提升自身的道德修养，培养感恩之心，善待他人，助人为乐，不求回报，为建设和谐社会做出自己的贡献。

二、"寻医问药"我来诊断

助人为乐是中华民族传统美德，是仁爱的具体体现。助人为乐表现在生活中的方方面面，体现在各种细微之处。不同的同学对助人为乐有不同的理解：

A同学："别人得先帮助我，我才会去帮助他，我不想欠他的人情。"

B同学："我不相信不求回报的助人为乐。"

C同学："每次看到别人需要帮忙时，我都主动去帮助他，虽然不是每次都得到感谢，但是我从中体会到了帮助他人的快乐，因此我从没放弃过帮助他人。"

D同学："助人为乐我以前也做过，但是得不到什么好处，渐渐地我也不想去帮助别人了。"

寻医问药：

A、B、C、D四名同学的想法对不对？为什么？

_____
_____
_____
_____
_____
_____

任务四　拓展训练营

任务目标

通过拓展训练，巩固知识，再次激发情感，把仁爱落实到行动中。

一、拓展训练一："我来讲故事"

1. 看一看："2009年度感动中国人物"李灵。

"2009年度感动中国人物"李灵

（1）李灵全家举债来办希望小学是出于什么目的？

_____
_____
_____

（2）为什么李灵被称为"'80后'最美女校长"？

（3）你从李灵身上学到了什么？

2．讲一讲：每人准备一个古今孝亲敬长或父爱母爱的故事，通过小组选拔，每小组推荐一名同学参加班级故事会讲演。

二、拓展训练二："我来诵经典"

每人找一篇关于仁爱的古文、诗词、名言或文章，通过小组选拔，每小组推荐一名同学参加班级诵读比赛。

三、拓展训练三："我来写一写"

结合自身实际，写一篇关于本单元的学习心得，题目自拟。

四、拓展训练四："我来做一做"

每人每周至少做一件助人为乐的事，登记在品行积分卡上。

品行积分卡

系部：　　　　　　班级：　　　　　　班主任：　　　　　　　　　年　月　日

姓名		性别		年龄		职务	
家庭地址				联系电话			
善事行为积分情况							
序号	善事行为摘要			积分	核实人		备注
1							
2							
3							
4							
5							
6							
7							
8							
9							
10							
合计							

第八单元 学

单元导读

人类要文明，社会要发展，技术要进步，生活要改善，大计是学习。学习是人类自古以来获取知识和生存能力的重要手段，是传授和发扬知识的最有效的途径，人类的进步和社会的文明都需要学习。因此，人们日常生活中不可缺少的一项重要内容就是学习，只有热爱学习、善于学习的人，他的生命才能绽放出异彩，才能在事业上获得成功。

因此，学习是人们不断满足自身需要、充实原有知识结构、获取有价值信息，并最终取得成功的法宝。

任务一 "学"感知

任务目标

理解"学"的内涵及现实意义;掌握学习的方法;培养学生的学习兴趣,提高学习效率;能联系实际学习生活谈谈自己的感受,并尝试运用到自己的学习中;引导学生养成良好的学习习惯,找到适合自己的学习方法。

案例链接

一、陈毅吃墨水的故事

陈毅学识渊博,一生博览群书。少年时代的陈毅就酷爱读书,他不管走到哪里都带着书,一有空就看书,一旦读起书来就把眼前所有事情忘得一干二净。

有一次,陈毅和妈妈走了几十里路来到了外婆家里,还没有休息一会儿,陈毅就到外公的书房里找书看。真幸运,他找到了一本自己梦寐以求的书。他拿着书,向妈妈打了一声招呼,就躲到了一间偏房里,如饥似渴地读起来。

不一会儿,吃饭的时间到了。妈妈一次又一次地来催他吃饭,可陈毅就是舍不得丢开手中的书。妈妈没有办法,只好把特意为他做的饼和芝麻酱给他端来。陈毅一看,心里特别高兴,他的肚子早就饿了。他一手拿着书,一手拿着饼蘸着芝麻酱吃,可眼睛却牢牢地盯着书看。

过了一会儿,妈妈又给陈毅端来一碗汤。母亲一进门,看见陈毅的模样,笑得把碗里的汤都洒了出来。"妈妈,你笑什么呢?"陈毅非常不解地问。"傻娃子,你自己照照镜子看看吧!"

原来,陈毅用饼蘸的不是芝麻酱而是墨盒里的墨汁,他的嘴巴上沾满了黑乎乎的墨汁!

陈毅看着仍笑个不停的妈妈,自己

也被逗乐了。他幽默地对妈妈说："喝点儿墨汁没有关系，我正觉得肚子里的墨水太少呢！"因此，家乡的人们都亲切地称陈毅是"喝过墨水的人"。

二、"同桌妈妈"陶艳波

陶艳波每天从早到晚，几乎都要陪伴在儿子杨乃斌身边，和儿子一起学习，做儿子的老师、陪读。

在杨乃斌1岁的时候，因为一次发烧导致耳膜出血，使他失去了听力，这给了陶艳波一家人很大的打击。

"同桌妈妈"陶艳波

为了给孩子治病，他们走过了很多地方，但医生的结论始终让他们失望。很多人劝陶艳波把孩子送到聋哑学校，但是陶艳波没有放弃。为了儿子，她专门从老家黑龙江到北京去学习唇语，然后一点点地教儿子说话、识字。

陶艳波坚持让儿子上正常学校，为此她做出了一个难以让人理解的决定：辞职陪着孩子一起上学。就这样，从小学一年级到高三，母子二人一起学习。

陶艳波就是儿子的耳朵，就是儿子的向导。杨乃斌的老师、同学也都为这对母子提供了最好的条件。经过不断练习，杨乃斌也能比较正常地和人交流。

后来，杨乃斌考上了大学，成为河北工业大学机电专业的学生。

2015年2月27日，陶艳波被评为"2014年度感动中国人物"，她的颁奖词为："他的四周寂静下来，你的心完全沉没。除了母爱你一无所有，但也要横下心和命运争夺。16年陪读，你是他的同桌，你做他的耳朵，让他听见这世界的轻盈，也听见无声的爱。"

小组讨论：

（1）为什么陈毅吃到墨水而全然不知？

_____

_____

_____

（2）失去听力的杨乃斌为什么没有放弃学习？从他的身上你能学到什么？

_____

_____

_____

（3）你如何看待"同桌妈妈"陶艳波？你的父母有没有做过让你记忆深刻的事情？

_____

_____

_____

知识链接

一、"学"的内涵

"学，识也。"我们这里的学当"学习"讲。学习分为狭义与广义两种：狭义的学习，即通过阅读、听讲、研究、观察、理解、探索、实验、实践等手段获得知识或技能的过程，是一种使个体可以得到持续变化（知识和技能，过程与方法，情感态度与价值观的改善和升华）的行为方式，例如通过学校教育获得知识的过程。广义的学习，是人在生活过程中，通过获得经验而产生的行为或行为潜能的相对持久的方式。

二、"学"的现实意义

（一）学习是做学问的一个好方法

培根在《读书论》说，"史鉴使人明智，诗歌使人巧慧，数学使人精细，博物使人深沉，伦理之学使人庄重，逻辑与修辞使人善辩"，这说明学习不仅是我们获得学问之道，也能够改变我们的气质，提升我们的精神修养。孔子在《论语·为政篇》中说，"学而不思则罔，思而不学则殆"，即告诉我们对于科学、对于博大的学问来说，学习是多么的重要。没有艰苦的学习，就没有最简单的科学发明。所以，爱因斯坦也这样认为："学习知识要善于思考，思考，再思考，我就是靠这个方法成为科学家的。"

（二）学习是我们认识和了解世界的途径

高尔基这样说："我们在我们的劳动过程中学习思考，劳动的结果，我们认识了世界的奥妙，于是我们就真正来改变生活了。"所以，学习或者通过教育获得学问，其根本就在于说明和回答人类的基本生态应该怎样存在，应该怎样解决这些问题。尤其是在人类面临着自然、经济等诸多挑战的今天，这个问题似乎更加重要。

（三）学习是我们探索和寻找真理的途径

在寻求真理的长河中，我们唯有不断地学习，创造性地学习，才能跨越崇山峻岭。我们学习科学是为了探索宇宙的奥秘。"志存高远、德才并重、情理兼修、勇于开拓"这十六个字是习近平主席对青年人提出的新期望。把"志存高远"放在首位，告诉人们理想指引人生方向，信念决定事业成败。青年人只有有理想、有信念，才能担负起时代赋予的历史重任。志当存高远，一个人的理想志愿只有同国家的前途、民族的命运相结合才有价值，一个人的信念追求只有同社会的需要和人民的利益相一致才有意义。

三、"我"该怎么做

（一）培养自信自强的积极心态

自信心就是相信自己，是人们对自己的力量恰当估计的自我体验。自信心是人们走向成才之路的第一步。然而在现实生活中，有些同学把自己的能力和水平看得过低，认为自己"学不会"，这就是缺乏自信的表现。作为中等职业学校的学生，应培养自己自信自强的积极心态，树立"我能行"的信念，以积极的心态面对学习中遇到的各种困难。

（二）明确学习的目的和意义

培根说过"知识就是力量"，有了知识，才能担当起建设国家的重任。因此，必须明确学习的社会意义和个人意义。学习使人获得新的知识、经验，在获得和应用新经验时，扩展、完善原有的认知结构。中等职业学校的学生应该明确自己的义务和责任，把当前的学习和未来理想、实际应用联系起来，以激发自己的求知欲。

（三）学会学习，强化职业技能

要想成就一番事业，光凭理想是不够的，还必须努力学习、善于学习，从而掌握足够的职业技能。要想得到学校、社会和企业的认可，就必须懂得怎样学习、怎样思考。

（1）学与思相结合。在学习过程中，要不断体会、揣摩、思索，对不懂的问题要思考，对已经掌握的知识要学会运用，对在实践中遇到的问题要尝试使用所学的知识去解释、说明。只有这样，知识和技能的掌握才能牢固并实用。

（2）学与问相结合。不懂就问，不会就学，缺什么补什么，差什么练什么。要虚心向老师、同学请教，切不可羞于问人或懒于请教，否则只会贻误自己。

（3）学与习相结合。知识和技能的学习是一样的，都要经过局部学习、反复训练、自如运用三个阶段。每一次复习都会加深一次印象，每一次运用都会有新的理解，所谓"温故知新""熟能生巧"就是这个道理。

（4）学与行相结合。《礼记》一书中有"鹰乃学习"一语，说的是雏鹰初飞，既要跟随老鹰之后模仿，这就是"学"，又要反复练习，这就是"习"。可见学和习是求知学技的两种途径和方法。因此，学习和实践是不可分的，要时刻以实际运用作为最终的学习目标，在实践中学习，在学习中实践。

活动天地

一、学习动机自我测量

1. 请根据自身实际情况对下面的题目做出"是"或"否"的回答。（"是"记1分，"否"记0分）。

表现行为	得分
1. 如果别人不督促我，我极少主动学习。	
2. 当我读书时，需要很长时间才能提起精神来。	
3. 我一读书就觉得疲劳与厌烦，只想睡觉。	
4. 除了老师指定的作业外，我不想多看书。	
5. 如果有不懂的地方，我根本不想弄懂它。	
6. 我常想自己不用花太多的时间，成绩也会超过别人。	
7. 我迫切希望自己在短时间内就大幅度提高自己的学习成绩。	
8. 我常为短时间内成绩没能提高而烦恼不已。	
9. 为了及时完成某项作业，我宁愿废寝忘食、通宵达旦。	
10. 为了学好功课，我放弃了许多感兴趣的活动，如体育锻炼、外出游玩等。	
11. 我觉得读书没有意思，不如早点找个工作。	
12. 我常认为课本上的文化知识没什么好学的，只有学专业知识才带劲。	
13. 我只在喜欢的科目上下功夫，而对不喜欢的科目则放任自流。	
14. 我花在课外读物上的时间比花在课堂学习的时间要多得多。	
15. 我把自己的时间平均分配在各科上。	
16. 我给自己定下的学习目标，多数因做不到而不得不放弃。	
17. 我几乎毫不费力就能实现自己的学习目标。	
18. 我总是同时为实现几个学习目标忙得焦头烂额。	
19. 为了应对每天的学习任务，我已经感到力不从心了。	
20. 为了实现一个大目标，我不再给自己定下循序渐进的小目标。	

2．自我总结：

你认为自己的学习动机有问题吗？今后你将如何进一步培养和激发你的学习动机？

_____

_____

_____

二、情感体验：《读书人是幸福人》（谢冕）

我常想，读书人是世间幸福人，因为他除了拥有现实的世界之外，还拥有另一个更为浩瀚也更为丰富的世界。现实的世界是人人都有的，而后一个世界却为读书人所独有。由此我想，那些失去或不能阅读的人是多么的不幸，它们的丧失是不可补偿的。世间有诸多的不平等，财富的不平等，权力的不平等，而阅读能力的拥有或丧失却体现为精神的不平等。

任务一 "学"感知

一个人的一生，只能经历自己拥有的那一份欣悦，那一份苦难，也许再加上他亲自感知的那一些关于自身以外的经历和经验。然而，人们通过阅读，却能进入不同时空的诸多他人的世界。这样，具有阅读能力的人，无形间获得了超越有限生命的无限可能性。阅读不仅使他认识了草木虫鱼之名，而且可以上溯远古下及未来，饱览存在的与非存在的奇风异俗。

更为重要的是，读书人加惠于人们的不仅是知识的增广，而且还在于精神的感化与陶冶。人们从读书学做人，从那些往哲先贤以及当代才俊的著述中学得他们的人格。人们从《论语》中学得智慧的思考，从《史记》中学得严肃的历史精神，从《正气歌》学得人格的刚烈，从马克思学得人世的激情，从鲁迅学得批判精神，从列夫·托尔斯泰学得道德的执着。歌德的诗句刻写出睿智的人生，拜伦的诗句呼唤着奋斗的热情。一个读书人，是一个有机会拥有超乎个人生命体验的幸运人。

一个人一旦与书结缘，极大可能是注定了与崇高追求和高尚情趣相联系的人。说"极大可能"，指的是不排除读书人中也有卑鄙和奸诈，况且，并不是所有的书都是好的，在流传的书籍中，并非全是劝善之作，也有无价值的甚而起反面效果的。但我们所指读书，总是以其优良品质得以流传一类，这类书对人的影响总是良性的。我之所以常感到读书幸福，是从喜爱读书的亲身感受而发。一旦与此种嗜好结缘，人多半因而向往崇高一类，对暴力的厌恶和对弱者的同情，使人心灵纯净而富正义感，人往往变成情趣高雅而趋避凡俗。或博爱，或温情，或抗争，大抵总引导人从幼年到成人，一步一步向着人间的美好境界前行。笛卡儿说"读一本好书，就是和许多高尚的人谈话"，这就是读书使人向善；雨果说，"各种蠢事，在每天阅读好书的影响下，仿佛烤在火上一样渐渐熔化"，这就是读书使人避恶。

所以，我说，读书人是幸福人。

思考：
你是如何理解"读书人是幸福人"的？在学习的过程中你感觉到幸福吗？为什么？

三、欣赏歌曲《明日歌》

歌曲《明日歌》

思考：你做到勤学了吗？如果做到了，你是怎么做的？如果没做到，你今后打算怎么做？

任务二　解读经典

从古人的身上感知学习的重要意义，结合自身实际，激发学习兴趣，寻找适合自己的学习方法。

古文解读

一、《论语·学而》节选

【原文】

子曰:"学而时习之,不亦说乎?有朋自远方来,不亦乐乎?人不知,而不愠,不亦君子乎?"

【译文】

孔子说:"学了又时常温习和练习,不是很愉快吗?有志同道合的人从远方来,不是很令人高兴吗?人家不了解我,我也不怨恨、恼怒,不也是一个有德的君子吗?"

【解读】

这段话作为《论语》开章的第一段,极不简单,微言大义。它倡导的是学以致用的思想,隐含的是追求真理、把握真理、检验和完善真理的思想理念,体现的是"学有所用"、实现自我价值的成就感。这句话的主旨是"学以致用"。隐含的意思是追求真理,并能在实践中进行检验、应用与完善,在实践中体现学习的价值,这才是令人开心的事。

二、《论语·为政》节选

【原文】

子曰:"学而不思则罔,思而不学则殆。"

【译文】

孔子说:"只读书学习而不思考问题,就会惘然无知而没有收获;只空想而不读书学习,就会疑惑而不能肯定。"

【解读】

孔子认为,在学习的过程中,学和思不能偏废。他指出了学而不思的局限,也道出了思而不学的弊端。主张学与思相结合。只有将学与思相结合,才可以使自己成为有道德、有学识的人。这种思想在今天的教育活动中有其值得肯定的价值。

三、《弟子规》节选 "余力学文"

【原文】

不力行	但学文	长浮华	成何人	但力行	不学文	任己见	昧理真
读书法	有三到	心眼口	信皆要	方读此	勿慕彼	此未终	彼勿起
宽为限	紧用功	工夫到	滞塞通	心有疑	随札记	就人问	求确义
房室清	墙壁净	几案洁	笔砚正	墨磨偏	心不端	字不敬	心先病
列典籍	有定处	读看毕	还原处	虽有急	卷束齐	有缺坏	就补之
非圣书	屏勿视	蔽聪明	坏心志	勿自暴	勿自弃	圣与贤	可驯致

【译文】

不能身体力行,纵有知识,也只是增长自己华而不实的习气,变成一个不切实际的人;只是身体力行,不肯读书学习,就容易依着自己的偏见做事,也会看不到真理。读书的方法有三到:眼到、口到、心到,三者缺一不可。做学问要专一,不能一门学问没搞懂,又想搞其他学问;做计划不妨宽松一些,实际执行时要加紧用功,功夫到了,疑惑的地方就迎刃而解了。不懂的问题,记下笔记,就向良师益友请教,求的正确答案。房间整洁,墙壁干净,书桌清洁,笔墨整齐;墨磨偏了,心思不正,写字就不工整,心绪就不好了。书架取书,读完之后,放归原处;虽有急事,也要把书本收好再离开,有缺损就要修补。不良书刊，摒弃不看，以免蒙蔽智慧和坏了心志；遇到挫折，不要自暴自弃，通过身体力行圣贤的训诫，就可以达到圣贤的境界。

【解读】

对于孝、悌、谨、信、泛爱众、亲仁这些应该努力实行的本分，却不肯力行，只在学问上研究探索，这样最容易养成虚幻浮华的习性，怎能成为一个真正有用的人呢？相对的，如果只重力行，对于学问却不肯研究，就容易执着于自己的看法，而无法契合真理，这也不是我们所应有的态度。不要自以为是而狂妄自大，也不要自甘堕落而放弃自己，圣贤的境界虽高，但只要按部就班，循序渐进，人人都可到达。《弟子规》所讲的道理，正是圣人的训诲，从入则孝、出则悌、谨而信、泛爱众，亲仁及余力学文着手，从日常生活中的伦常做起，经家庭扩及学校、社会，就能孕育出正人君子的品行。所以这本书应该认真地反复诵读，使其深入内心，当成个人反省的镜子和行为的指针。

 小 故 事

一、囊萤映雪

晋代时，车胤从小好学不倦，但因家境贫困，父亲无法为他提供良好的学习环境，没有多余的钱买灯油供他晚上读书。为此，他只能利用白天这个时间背诵诗文。

囊萤映雪

夏天的一个晚上，他正在院子里背一篇文章，忽然见许多萤火虫在低空飞舞。一闪一闪的光点，在黑暗中显得有些耀眼。他想，如果把许多萤火虫集中在一起，不就成为一盏灯了吗？于是，他去找了一个白绢口袋，抓了几十只萤火虫放在里面，再扎住袋口，把它吊起来。虽然不怎么明亮，但可勉强用来看书了。从此，只要有萤火虫，他就去抓一把来当作灯用。由于他勤学苦练，后来终于做了职位很高的官。

同朝代的孙康也是如此。由于没钱买灯油，晚上不能看书，只能早早睡觉。他觉得让时间这样白白浪费掉，非常可惜。

一天半夜，他从睡梦中醒来，把头侧向窗户时，发现窗缝里透进一丝光亮。原来，那是雪地映出来的，可以利用它来看书。于是他倦意顿失，立即穿好衣服，取出书籍，来到屋外。大地映出雪光，外面比屋里要亮多了。孙康不顾寒冷，立即看起书来，手脚

冻僵了，就起身跑一跑、搓搓手指。此后，每逢有雪的晚上，他都不放过这个好机会，孜孜不倦地读书。这种苦学的精神，促使他的学识突飞猛进，后来成为饱学之士。

二、悬梁刺股

东汉时，有个人名叫孙敬，是著名的政治家。开始由于知识浅薄得不到重用，连家里人都看不起他，他大受刺激，下决心认真钻研，经常关起门独自一人读书。每天从早读到晚，常常是废寝忘食。读书时间长了，劳累了，也不休息，时间久了，疲倦得直打瞌睡。他怕打瞌睡影响自己读书学习，就想出了一个特别的办法。古时候，男子的头发很长，他就找了一根绳子，一头系在头发上，一头牢牢绑在房梁上。当他读书打盹时，头一低，绳子就会牵住头发，把头皮扯痛了，这样马上就清醒了，再继续读书学习。这就是孙敬"悬梁"的故事。

悬梁刺股

战国时，有一个人名叫苏秦，也是出名的政治家。年轻时，他由于学问不多不深，曾到好多地方做事，都不受重视。回家后，家人对他也很冷淡，瞧不起他。这对他的刺激很大。所以，他下定决心，发奋读书。他常常读书到深夜，很疲倦，常打盹，直想睡觉。于是他想出了一个方法，准备一把锥子，一打瞌睡，就用锥子往自己的大腿上刺一下。这样，猛然间感到疼痛，使自己清醒起来，再坚持读书。这就是苏秦"刺股"的故事。

三、凿壁偷光

西汉时，有个农民的孩子，叫匡衡。他小时候很想读书，可是因为家里穷，没钱上学。后来，他跟一个亲戚学认字，才有了看书的能力。

匡衡买不起书，只好借书来读。那个时候，书是非常贵重的，有书的人不肯轻易借给别人。匡衡就在农忙时节，给有钱的人家打短工，不要工钱，只求人家借书给他看。

凿壁偷光

过了几年，匡衡长大了，成了家里的主要劳动力。他一天到晚在地里干活，只有中午歇晌的时候，才有工夫看书，所以一卷书常常要十天半月才能够读完。匡衡很着急，心想：白天种庄稼，没有时间看书，我可以多利用一些晚上的时间来看书。可是匡衡家里很穷，买不起点灯的油，怎么办呢？

有一天晚上，匡衡躺在床上背白天读过的书。背着背着，突然看到东边的墙壁上透过来一线亮光。他忽地站起来，走到墙边一看，原来从壁缝里透过来的是邻居家的灯光。于是，匡衡想了一个办法：他拿了一把小刀，把墙缝挖大了一些。这样，透过来的光亮也多了，他就凑着透进来的灯光，读起书来。

匡衡就是这样刻苦地学习，后来成了一个很有学问的人。

任务三　感悟与体验

任务目标

通过观看有关视频培养学习兴趣，树立学习目标，并将勤学落实到实际行动中；体会"学习改变命运"，培养自己勤奋好学的精神，树立正确的学习态度，培养良好的学习习惯。

一、学习改变命运

（一）情感体验

1．准备活动：身体坐直，靠近椅子背，坐稳，然后做三次深呼吸，再从头、颈、肩、胸慢慢放松，使身体轻松，最后达到轻松自然的状态。

2．观看电影《背起爸爸上学》。

电影《背起爸爸上学》

3．心灵感悟：

（1）电影中哪个情景让你记忆深刻？为什么？

_____

_____

_____

（2）主人公石娃在逆境中仍不放弃学习，你从石娃身上学到了什么？

_____

_____

_____

（二）今日最美中职生，明日做大国工匠

院赛、市赛、国赛，"雕刻达人"、"果酱画师"、铜奖、金奖……一位曾经不被看好的技校学生，通过一步步的努力，秉持着工匠精神，经过一年多的勤学苦练，成为烹饪专业的佼佼者，演绎了精彩人生。他，就是来自唐山劳动技师学院综合技术系2016级春招烹饪班的学生王长伟。在由团中央学校部、全国学联秘书处、《中国青年报》共同组织开展的寻访2017年度全国"最美中学生""最美中职生"活动中，王长伟作为河北省唯一一位"最美中职生（标兵）"上报到团中央。

"最美中职生"王长伟

2016年3月，16岁的王长伟进入唐山劳动技师学院学习，成为一名技校学生。入学之初他没有任何人生目标，后来学校组织的果酱画比赛激发了他的学习热情。从此以后，王长伟对果酱画产生了浓厚的兴趣。

王长伟喜爱果酱画，但没有美术基础，他就照着图片在纸上多次练习。刚在盘子上画时，连他自己都看不出是什么，但他怀着浓厚的兴趣，恶补美术基础知识，自定学习任务，每天将一幅果酱画交给老师。经过一个月的潜心感悟、刻苦练习，在学校举办的技能比武中，他从第三名一直到获得金奖，被授予"果酱画师"称号。

第二学期开设雕刻课程后，王长伟又有了新想法——把在纸上、盘子上画过的图形变成立体形象。老师讲授基本要领时，他专心听、认真学，回家后反复练，有时为了一个细节，他一遍遍地修改，每天练习到深夜。在老师、家人的支持鼓励下，他用自己的汗水浇灌着理想，努力成为一个让老师和家长骄傲的学生。

2017年暑假，王长伟参加了中国技能大赛全国烹饪及餐厅服务职业技能大赛（河北赛区）获得了烹调银奖；参加了"西海岸杯"青岛大师赛获得了雕刻金奖。

2017年9月，王长伟远赴重庆，参加了中国第三届厨师职业技能大比武。本次大赛高手云集，他是唯一的一名中职学生。初生牛犊不怕虎，他沉着冷静，一路过关斩将，最终捧得了铜奖。赛后，他的果蔬雕塑作品《龙凤呈祥》，还被摆放到"第27届中国厨师节"新闻会客厅的演播台上。与国内名厨大师同台竞技并获得奖牌，使他看到了差距，也看到了目标，他为自己树立了新的奋斗目标：代表伟大的祖国参加世界技能大赛，成为弘扬中华餐饮文化的使者。

任务三 感悟与体验

"今天做最美的中职生，明天做真正的大国工匠。"这是王长伟常说的一句话。他不仅自己刻苦学习，还带动同学一起进步。课余时间志愿做老师的助教，建立了雕刻兴趣小组，开辟了第二课堂，热情辅导热爱雕刻的同学。志存高远的他，还深入学习糖塑技法，力求一专多能。

回首职教学习经历，一路泪水与汗水，"工匠精神伴我行，成就精彩人生梦"，他无愧是最美的中职生。

说一说：

（1）王长伟为什么能被评为全国"最美中职生"？

_____
_____
_____

（2）你从王长伟身上学到了什么？

_____
_____
_____

教师解析：

如果将人看作一棵树，学习力就是树的根，也就是人的生命之根。评价一个人在本质上是否具有竞争力，不是看这个人在学校时的成绩好坏，也不是看他的学历有多高，而是要看这个人有多强的学习力，这就是哈佛大学校长讲的树根理论。学习对每个人的重要性大家都知道，人们都知道学习代表未来，成绩代表过去，学习成就人生，学习改变命运，学习可以致富，这些话语其实一点都不夸张，学习真的可以改变命运，学习真的可以成就人生，学习也确实可以致富。

个人的命运掌握在自己的手中，要想成为一名合格的技能人才，就应该从现在开始培养职业兴趣，树立职业理想，努力学习，掌握出色的职业技能。兴趣和理想都可以在学校学习和社会实践中加以培养，加以锤炼。

二、勤学故事

（一）蒲松龄草亭路问

由于家道中落，蒲松龄的父亲弃儒经商，蒲松龄也跟着父亲经商，放弃学业。但是当他听到从此再也不能在学堂学习的时候，非常伤心，但是虽然如此，他依旧自学，不曾放弃学业。偶然间他听到一位说书的老爷爷在讲故事，他非常喜欢这种通过故事来表达感情的方式，于是在老爷爷的指导下决心写作。

蒲松龄草亭问路

蒲松龄为了搜集到故事，他就在人们经常路过的地方搭了个草亭，人们看见这里有个供休息的地方，大多会停下来坐一会。有人准备付钱的时候，蒲松龄就告诉他们，喝茶不要钱，只要讲个故事就行了。起初大家觉得奇怪，久而久之，人们都知道了这个免费让人休息的地方。蒲松龄每次听完故事，都会把故事记下来。经过几十年的时间，蒲松龄终于用这些故事写成了《聊斋志异》。

任务三 感悟与体验

说一说：

（1）蒲松龄家道中落为什么没有放弃学习？

_____
_____
_____

（2）看完蒲松龄的故事，你学到了什么？

_____
_____
_____

（二）"外卖小哥"称霸诗词大会

他是"中国诗词大会"第三季冠军，他叫雷海为，不过他还有另外一个身份——来自杭州的"80后"外卖小哥。在"中国诗词大会"比赛中，外卖小哥雷海为击败了北京大学文学硕士、诗词大会三季元老彭敏，夺得冠军。

"外卖小哥"称霸诗词大会

比赛中，雷海为始终稳扎稳打，淡定从容。就像雷海为初登诗词大会时所说的定场诗——"千淘万漉虽辛苦，吹尽狂沙始到金"，凭着对诗词的热爱与执着，让他在最后的决战中，没有一丝成败得失的顾虑。那么当初雷海为又是如何与古诗词结缘的呢？

雷海为：在我小学一年级的时候，我爸就常写一些诗词贴在厨房里面，我读起来朗朗上口，从那时起就喜欢上了。2003年，我从当时电视台热播的电视剧《侠客行》里看到了《侠客行》这首诗，感觉诗里面充满了侠气和豪迈。每个男孩子心中都有一个武侠梦，我也不例外，因此我就想把这首我非常喜欢的诗背下来，就去书店里到处找。可以说这开创了我大规模背诗的一个时期，在《侠客行》之前我背的诗词不超过100首，在这之后，只要是喜欢的就都背下来。

雷海为虽是"80后"，但看起来比实际年龄"成熟"很多。在诗词大会上，评委康震老师也打趣说，他长得有些"着急"了。其实，那是因为雷海为跟千千万万个外卖小哥一样，平日里要马不停蹄地配送大量外卖订单，风里来雨里去，非常辛苦，平均一天要跑50多单。而他自己花在吃饭上的时间，三餐加起来也不过半个小时，饭钱控制在25块钱以内，甚至他连一本贵一点的古诗集也买不起，但就是在这样的情况下，他却始终有一颗"爱诗的心"。

外卖小哥的工作的确是很辛苦，这也让观众都很疑惑，雷海为用什么时间来读诗词、背诗词呢？来听听雷海为怎么说。

雷海为："我平时工作就是送外卖，在送外卖过程中我会利用等餐或休息的空闲时间把之前背过的诗翻出来再背诵一遍。早几年，我一有空就跑到书店里去看书，但那时候工资比较低舍不得买书，看到喜欢的诗词就当场背下来。生活不能只有眼前的忙碌，还应该有诗和远方。"

正如雷海为所说，"生活不只有眼前的忙碌，还有诗和远方"，在等餐的时间，别的外卖小哥拿着手机打游戏、看直播，雷海为的身上却总是揣着一本《唐诗三百首》，或者拿着手机背诗。他说："每个人最大的乐趣就是做自己最喜欢的事情，看电影、打游戏能得到快乐，我读诗词也能够从中得到快乐，只是大家得到快乐的途径不一样罢了。"

心灵感悟：

可以说像雷海为这样的人还有很多，成功的方式也各自不同，但是他让我们懂得，什么是真正的诗意，不只是花前月下读书品茶，更不是文人雅士的游戏玩耍，而是一如既往的执着付出，即便身处困境，依然能腹有诗书。现在雷海为已经回到了杭州，依然送着外卖读着诗，似乎什么都没有发生过。不过，我们相信，雷海为在诗词中找到了属于他的诗和远方。

三、"寻医问药"我来诊断

新学期新生入学，同学们从四面八方来到了同一所技工学校，由于之前对技工学校了解不多，许多同学都是带着迷茫、新奇的心情开始新的学习生活。不同的同学对今后的学习生活规划也是不同的。

A同学："我是因为初中学习不好才上的技工学校，我想在这学一门技能找一份好工作。"

B同学："技工学校毕业后就是当工人，没出息，学不学没关系，我的家长就是让我混个毕业证。"

C同学："我是因为中考失利了才上的技工学校，听说这可以选择对口升学圆我的大学梦,我想试一试。"

D同学:"我听说上技工学校没有升学的压力,那就没必要好好学习了。"

寻医问药:

(1) A、B、C、D四名同学的想法对不对?为什么?

_____

_____

(2) 请结合你自己的实际情况,制订一份学习计划。

_____

_____

_____

任务四　拓展训练营

 任务目标

通过拓展训练,巩固知识,再次激发情感,把勤奋学习落实到行动中。

一、拓展训练一:"我来讲故事"

1. 看一看:观看视频《天下父母之朗朗和他的父亲》

天下父母之朗朗和他的父亲

（1）你是如何看待朗朗的父亲辞职陪儿子学琴的？从朗朗的父亲身上你看到了什么？

（2）你是如何看待朗朗艰苦学琴之路的？

（3）请写一件父母陪伴你学习的真实故事，体会父爱母爱的伟大。

2．讲一讲：每人准备一个古今人物刻苦读书学习的故事，通过小组选拔，每小组推荐一名同学参加班级故事会讲演。

二、拓展训练二:"我来诵经典"

每人找一篇关于学习的古文、诗词或文章,通过小组选拔,每小组推荐一名同学参加班级诵读比赛。

三、拓展训练三:"我来写一写"

通过本课学习,结合自身实际,谈谈你是如何认识当代世界科技日新月异变化的,如何理解"学习如逆水行舟,不进则退"和"科学技术是第一生产力"这两句话的。任选其一写一篇心得体会,题目自拟。

四、拓展训练四:"我来做一做"

根据自身实际,记录自己每周刻苦学习的典型事件,登记在品行积分卡上。

品行积分卡

系部:　　　　　班级:　　　　　班主任:　　　　　　　　　年　月　日

姓名		性别		年龄		职务	
家庭地址				联系电话			
善事行为积分情况							
序号	善事行为摘要				积分	核实人	备注
1							
2							
3							
4							
5							
6							
7							
8							
9							
10							
合计							

参 考 文 献

[1] 张玲，康风琴．论语［M］．新疆人民出版社，2005．

[2] 李毓秀．弟子规课本［M］．华艺出版社，2007．

[3] 胡平生，陈美兰．中华经典藏书——礼记孝经［M］．中华书局，2012．

[4] 田雷．德育·第一册·道德法律和人生．［M］．2版．中国劳动社会保障出版社，2010．

[5] 张伟．职业道德与法律［M］．高等教育出版社，2013

[6] 张伟．职业道德与法律教学参考书［M］．高等教育出版社，2009．

[7] 陈少志，李海霞．中国传统文化在素质教育中的人文导向作用［J］．吉林工程技术师范学院学报，2007，23（10）：1-3．

[8] 田一可．弟子规中的职业素养［M］．中国言实出版社，2014．

[9] 中共中央办公厅、国务院办公厅．关于实施中华优秀传统文化传承发展工程的意见［J］．中国勘察设计，2017（2）：30-34．

[10] 中国教育报．完善中华优秀传统文化教育指导纲要［J］．中小学德育，2014（4）：4-7．

[11] 朱康有，王杰．中华优秀传统文化的传承发展［J］．前进论坛，2017（8）：7-10．

[12] 辛鸣．光大生长于中华文化沃土的道德光辉［J］．商业文化，2015（11）：81-82．

[13] 雷志辉．加强中华优秀传统文化教育［J］．文学教育（上），2017（6）：104-105．

[14] 谭用发．孝乃德之本［J］．老年教育（长者家园），2017（2）：32-32．